Kristina Falke
Jörg Ziemer

Entspannt allein

So klappt das
Alleinbleiben bei
jedem Hund

KOSMOS

2 Inhalt

Trennungsschmerz verstehen   7

Wer bleibt schon gern allein   8

Warum so viele Hunde das Problem haben   12

Der eine hat's – der andere nicht   14

Warum ein gutes Mensch-Hund-Verhältnis so wichtig ist   20

Tabuzonen   26

Interaktionen erkennen und richtig reagieren   30

Test: Testen Sie Ihren Führungsstil   34

Erscheinungsbilder und Ursachen erkennen   39

Erscheinungsbilder der Trennungsangst   40

Stress   45

Stressreaktionen des Hundes   48

Finden Sie die Ursachen   50

Beispiele aus unserer Praxis   58

Die Videoanalyse   62

Trennungsbedingte Störungen und der zeitliche Verlauf   64

Test: Der große Ursachentest   67

Inhalt

Und Herrchen sprach: „Ich bin dann mal weg!" 75

Bevor das Training beginnt 76

Was der Hund lernen soll 83

Ein Training für alle 92

Boxentraining 99

Schlüssel sind Schlüsselreize 101

Desensibilisierung und Gegenkonditionierung 102

Die tägliche Auslastung 105

Unterstützende Maßnahmen 107

Prävention und Troubleshooting 113

Übungsprogramm für Welpen 114

Und wenn es doch nicht klappt? 117

Die „Erstverschlimmerung" 119

Service 121

Zum Weiterlesen 123

Nützliche Adressen 124

Register 125

Zu diesem Buch

Trennungsangst bei Hunden gibt es öfter, als man denkt. Der geliebte Hund kann einfach nicht allein bleiben. Er leidet und der Besitzer ist frustriert. Leider wird dieses Problem oft einfach nur hingenommen. Aber Sie können aktiv etwas dagegen tun!

So arbeiten wir

In unserer Praxis für Hundeverhaltens-beratung behandeln wir seit vielen Jahren Problemverhalten von Hunden. Ein Schwerpunkt ist die trennungsbe-dingte Störung (im Folgenden häufig als TS abgekürzt). Der Überbegriff hierzu ist: „Wenn Hunde nicht allein bleiben". Entweder besteht die trennungsbedingte Störung als begleitendes Problem neben einem Hauptproblem wie Aggression oder Angst oder sie wird als alleiniges Problem geschildert.

Verantwortungsvolle Arbeit für Verhaltensberater und Trainer

Das Lösen von trennungsbedingten Störungen kann auch für Fachleute eine Herausforderung bedeuten. Die starke emotionale Belastung der Halter und das Leiden der Hunde bringen eine hohe Erwartungshaltung an die eigenen Fähigkeiten und Kompetenzen mit sich. Und genau das ist reizvoll an dieser Arbeit. Durch die vielen Hunde, denen wir schon ein entspanntes und stress-freies Alleinbleiben ermöglichen konn-ten, konnten wir einen großen Erfah-rungsschatz aufbauen. Diese Erfahrungen wollen wir in diesem Buch gern an Sie weitergeben. Neben vielen praktischen Übungseinheiten, Selbstanalysen und theoretischem Know-how, werden Sie Ihren Hund (noch) besser verstehen, wenn Sie das Buch gelesen haben. Sie werden sehen, aus wie vielen Perspekti-ven es eine trennungsbedingte Störung zu analysieren gilt.

Das Problem verstehen

Unter trennungsbedingten Störungen verstehen wir alle problematischen Verhaltensweisen des Hundes, die beim Alleinlassen auftreten können. Da es sich

Kristina Falke und Jörg Ziemer mit ihren Hunden.

eben nicht immer um eine „einfache" Trennungsangst handelt und jede trennungsbedingte Störung ihre eigene Entwicklung und Geschichte hat, ist es nötig, das ungewünschte Verhalten individuell für das jeweilige Mensch-Hund-Team zu lösen. Die Behandlung richtet sich nach den vielschichtigen Entstehungsgründen und den begleitenden Faktoren. Die Analyse der Entstehung und die genaue Diagnose haben eine zentrale Bedeutung. Denn ohne diese ist eine erfolgreiche Behandlung einfach nur Glückssache.

Ein Verhaltensproblem zu lösen, bedeutet immer Zeitaufwand, gedankliche Arbeit und – eventuell auch Geld auszugeben. Diese finanziellen Mittel müssen vielleicht nicht nur für den Neukauf von zerstörten Schuhen und Einrichtungsgegenständen aufgewendet werden, sondern auch für tierärztliche

6 Zu diesem Buch

Untersuchungen und die Beratung von Fachleuten. Damit dieser Aufwand möglichst gering gehalten wird, ist es wichtig, eine möglichst effektive Behandlung nach einer wirkungsvollen Strategie anzuwenden. Effektiv kann eine Behandlung allerdings erst sein, wenn wir genaue Vorkenntnisse über die Entstehung besitzen. Erst wenn wir alle begleitenden Faktoren kennen, können wir auf eine durchgreifende Behandlung mit Aussicht auf den schnellstmöglichen Erfolg hoffen.

Ganzheitliche Behandlung

Viele Hundehalter berichten, dass ihnen in ihrer Hundeschule nicht weitergeholfen wurde. Oft bekamen sie auf Nachfrage ein paar Tipps. Wenn diese dann nicht wirken, resignieren viele Halter und beginnen mit dem „Problem" zu leben.

Problemverschlimmerung

Oft verschlimmert sich die trennungsbedingte Störung, wenn die Begleitumstände nicht geändert werden. Nicht alle Hundeschulen sind darauf ausgerichtet, neben ihren Gruppenstunden noch komplexe Verhaltensprobleme zu lösen. Hundehalter wissen heute zum Glück, dass ihre Hunde eine vielschichtige

Persönlichkeit besitzen und dass Probleme, die diese Charaktere haben können, nicht immer mit einem 0815-Tipp gelöst werden können. Denn neben Hausbesuchen ist es notwendig, das ganze System, in dem der Hund lebt, zu betrachten und in die Behandlung mit einzubeziehen. Mit dem „System" ist das gesamte Umfeld des Hundes gemeint. Hierzu zählen neben der Familienstruktur auch die Freizeitgestaltung der Familie, der Führungsstil der Bezugspersonen des Hundes und deren Kommunikation mit dem Hund, Krankheiten, die Erfahrungen des Hundes, seine genetisch bedingte Frustrationsgrenze und die eventuelle Auswirkung von organischen Begleitumständen wie Schmerzen. Es ist also sogar wichtig zu wissen, ob eine Arthrose oder eine Ohrenentzündung zu chronischen Schmerzen beitragen. Sie merken, es wird spannend!

Werden Sie zu Sherlock Holmes und finden Sie gemeinsam mit uns die Ursachen für das Problem Ihres Hundes, warum er nicht allein bleiben kann, und vor allem: Lösen Sie dieses Problem! Viel Spaß beim Lesen und viel Erfolg mit Ihrem Hund.

Kristina Falke und Jörg Ziemer

Trennungsschmerz verstehen

Wer bleibt schon gern allein

Hunde häufig nicht. Sie kommen nach Hause und trauen Ihren Augen nicht?! Die Wohnung ist verwüstet, die Nachbarn erwarten Sie bereits im Hausflur, um Sie auf Ihren unerzogenen Hund aufmerksam zu machen. Doch steckt tatsächlich nur eine Erziehungsfrage dahinter?

Trennungsschmerz ist nicht gleich Trennungsschmerz

Nicht alle Hunde können gleich behandelt werden, obwohl das Endergebnis scheinbar bei allen Hunden dasselbe ist: Der Hund bleibt nicht allein. Leider können wir auch nicht auf den „Ich-bin-dann-mal-weg-und-Du–regst-Dich-nicht-Schalter" drücken, sondern wir müssen die Ursachen finden, die den Hund veranlassen, in einen Streik zu treten, sobald Sie das Haus verlassen. Verallgemeinert kann man bereits jetzt verraten, dass sich die Ursachen aus den verschiedensten Gründen zusammensetzen und auch überschneiden können, wie etwa Angst, Langeweile, Fehlkonditionierungen usw. Jede trennungsbedingte Störung muss daher genau analysiert werden, damit eine Therapie und eine Gewöhnung des Hundes an das Alleinbleiben erfolgreich abgeschlossen werden kann. Erfreulicherweise gibt es verschiedene Lösungsmodelle und Hilfsmittel, die Sie zur Behebung des Problems einsetzen können – jedoch stehen diese in Abhängigkeit zu den Ursachen. Bleiben Sie neugierig und erfragen Sie den Hintergrund. Haben Sie diesen gefunden, geht der Rest (fast) wie von selbst. Auf den folgenden Seiten bekommen Sie eine strukturierte Anleitung zur Erkennung der trennungsbedingten Störungen Ihres Hundes.

Trennungsbedingte Störungen aus zwei Perspektiven

Die Definition

Aus menschlicher Sicht sind alle störenden Verhaltensweisen des Hundes, die nur oder vor allem dann auftreten, wenn der Hund alleingelassen wird, trennungsbedingte Störungen.

Und was sagt der Hund dazu?

Struppi sieht das ganz ähnlich, denn meistens entstehen diese Verhaltensweisen aus Unbehagen und/oder aus einer Angst des Hundes heraus. Wichtig ist aber aus der Sicht von Struppi zu erwähnen, dass bei Hunden, die nicht allein bleiben können, häufig eine stärkere Angst vorliegt, als sie für den Halter erkennbar ist. Sprich, der Hund kann auch unter Panikattacken leiden und dabei die Wohnung nicht zerstören. Daraus aber resultieren keine optischen oder akustischen Nachteile für den Besitzer wie das Zerkratzen der Tür oder Gebell. Deshalb besteht häufig kein Handlungsbedarf für den Besitzer und die trennungsbedingte Störung wird nicht behandelt, obwohl der Hund stark leidet.

Beide Seiten sollten verstanden werden: Mensch und Hund

Der Optimalzustand: Der Hund liegt entspannt auf seinem Ruheplatz.

Nervosität kann ein Anzeichen für eine trennungsbedingte Störung sein.

Das Wichtigste:
Wie geht sie wieder weg?

Als Erstes werden Sie bemerken, dass Ihr Hund „einfach" nicht allein bleibt. Vielleicht machen Ihre Nachbarn Sie darauf aufmerksam, dass ihnen das Gejaule des Hundes auf die Nerven geht oder Sie trauen Ihren Augen nach Eintritt in Ihr Zuhause nicht, da die Wohnung in Trümmern liegt, Kot- und Urinabsatz zu finden sind usw. Meistens entsteht an dieser Stelle ein Leidensdruck für Sie als Besitzer, da Sie bei solchen Szenarien demnächst schon vor dem Betreten der Wohnung beten, dass das teure Porzellan noch steht. Aus Sicht des Hundes hat der Leidensdruck jedoch schon viel früher angefangen. Das was Sie sehen oder Ihre Nachbarn hören, ist nur die Spitze des Eisbergs.

Der Hund leidet und ist nicht in der Lage, ohne Ängste oder gar Panik allein zu bleiben. In Extremfällen können sich diese Attacken bis hin zu Tierschutzwidrigkeiten und sogar starken Stereotypien und Zwangshandlungen – der

Wer bleibt schon gern allein 11

Seien Sie aktiv in puncto Hund. Sie können das Problem lösen!

Hund läuft monoton vor der Tür auf und ab – steigern. Die gute Nachricht ist aber, dass Sie eine professionelle Lösung finden können.

Seien Sie proaktiv!
Das bedeutet: Fangen Sie an, Verhalten und Stimmung des Hundes zu steuern und übernehmen Sie die Verantwortung für die Situation, statt reaktiv auf sein Verhalten zu reagieren. Warten Sie nicht, dass der Hund sein Verhalten von allein ändert, das wird er nicht tun.

Merkmale für proaktives und reaktives Verhalten des Halters

Proaktives Verhalten
- Sie haben dieses Buch gekauft.
- Sie informieren sich, was Sie tun können.
- Sie stellen einen Trainingsplan auf.
- Sie wissen, dass Sie die Situation ändern können.

Reaktives Verhalten
- Sie warten ab, ob es nicht vielleicht von allein besser wird.
- Sie klagen über Ihr Leid.
- Sie beschuldigen und strafen Ihren Hund.
- Sie fühlen sich hilflos.

Warum so viele Hunde das Problem haben

Ein kurzer Zeitsprung in die Geschichte des Hundes hilft, diese Frage zu klären. Beobachten wir einmal seine Vorfahren, die Wölfe, und schauen, was die Domestikation des Hundes in den Jahrtausenden noch in unseren „Stubenwölfen" hinterlassen hat.

Es war einmal

Sinn und Zweck der Domestikation (Haustierwerdung) war es, dass der Wolf/Hund eine soziale Bindung zum Menschen aufbauen und mit ihm zusammen in einem Gruppenverband leben konnte. Sprich, das Alleinsein ist eigentlich kontraproduktiv zur Natur des Hundes. Und kaum kann der Hund eine Bindung eingehen, verlangen wir in der heutigen Zeit, dass er auch einmal ein paar Stunden ohne uns allein sein kann. Ist dieser Widerspruch nicht ein dicker Hund? Schließlich ist der Hund genetisch darauf fixiert, in einer Gruppe zu leben – sowohl mit Artgenossen als auch mit uns

Der Wolf in seinem Element: das Wolfsrudel

Warum so viele Hunde das Problem haben

Eine klare Struktur lernen schon die Kleinsten.

Menschen. Je größer und stärker das Rudel, umso stärker seine individuelle Fitness und umso sicherer sein Überleben. Unter dem Motto: „Gemeinsam sind wir stark" lebt sich so ein Wolfsleben wesentlich einfacher. Egal ob es um Jagd, Sicherheit oder um die Aufzucht der Nachkommen geht, ein Wolf allein kann diesen Familienverband nicht ersetzen und wäre leichte Beute für jeden Angreifer.

Die soziale Isolation eines jungen Hundes von seiner Gruppe bedeutet für ihn jede Menge Dauerstress, da es in seiner ursprünglichen Natur und in seiner „Hundelogik" nicht vorkommt. Stress ist also vorprogrammiert, da das Alleinsein von der Natur nicht eingeplant wurde.

Dennoch heißt es nicht, dass Hunde nicht allein sein können. Denn schließlich sind sie lernfähige soziale Tiere, die schlau genug sind, dies entweder durch ihr Wesen und/oder unsere korrekte Anleitung zu lernen. Durch konsequentes Training unterstützen wir unseren Hund.

Tipp | Der Hund ist von seinem natürlichen Verhalten her nicht dafür geschaffen, allein zu sein. Dies sollte man im Hinterkopf behalten. Es hilft betroffenen Hundehaltern bei der Therapie, wenn Sie sich das klarmachen, da sie Ihrem Hund dann ein größeres Verständnis entgegenbringen können.

Trennungsschmerz verstehen

Der eine hat's – der andere nicht

„Früher" war das Alleinbleiben doch auch kein Problem. Sind trennungsbedingte Störungen in Mode gekommen? Welche Begleitumstände müssen von uns beachtet werden? Wir unterteilen zwei Gruppen – die inneren und die äußeren Faktoren.

Innere Faktoren

Trennungsbedingte Störungen werden nicht an einer Rasse festgemacht, sonst wäre diese längst ausgestorben. Auch spielen Alter und Geschlecht keine Rolle. Dennoch gibt es innere Faktoren, die wir wahrnehmen müssen. Dazu zählen Krankheiten, etwa neurologischer wie auch organischer Art. Ob chronisch oder akut ist auch zu unterscheiden. Steht Ihr Hund unter Medikamenteneinfluss, sollten Sie sich auf jeden Fall die Packungsbeilage schnappen und durchlesen, welche Nebenwirkungen auftreten könnten. Vielleicht ist das schon der Grund dafür, dass Ihr Hund nicht allein bleibt. Auch genetische Dispositionen und hormonelle Veränderungen können eine Rolle spielen. Und nicht zu vergessen ist der liebeskranke Rüde. Bedenken Sie, dass ein Rüde eine läufige Hündin über eine Distanz von 4 km wittern kann.

Äußere Faktoren

Nachbarn, Lärmbelästigung, Knallgeräusche und Ihre Bindung zum Hund zählen zu den äußeren Faktoren, die Ihren Hund aus der Fassung bringen können. Dabei sind zwei Aspekte wichtig, wie weit sich der Hund durch innere oder äußere Faktoren beeinflussen lässt:
1. Die Erfahrungen, die ein Hund schon in seinem Leben gemacht hat.
2. Das Vertrauen zu Ihnen. Das schafft Sicherheit, um beruhigt allein zu sein. Dieses Vertrauen kann nur durch eine gute Bindung entstehen und die ist der Schlüssel zum Erfolg (S. 20f.)

Besonders anfällige Hunde

Im Laufe unseres Hundetrainerlebens haben wir immer wieder festgestellt, dass es typische Hundegruppen gibt, die anfälliger sind für trennungsbedingte

Störungen und stärker leiden als ihre Artgenossen. Oft sind es Hunde, in deren Lebenslauf ein Besitzerwechsel vorkam.

Tierschutzhunde

Immer häufiger werden Hunde aus anderen europäischen Ländern nach Deutschland gebracht, um dort ein neues Zuhause zu bekommen. Das klingt erst einmal durchweg positiv mit einem guten Tierschutzgedanken. Beim Hund ist dies aber auch mit jeder Menge Stress verbunden. Leider können wir dem Hund rein logisch nicht erklären, dass er ab jetzt ein neues Zuhause hat und nie wieder abgegeben wird. Eine Sicherheit, die für uns selbstverständlich ist, jedoch nicht für Hunde. Der Hund versteht unseren inneren Wortlaut nicht, sondern lernt mit der Zeit aus Handlungen und Verknüpfungen. Folglich braucht er Zeit – und damit meinen wir Monate und manchmal auch Jahre – bis er in allen Bereichen diese Sicherheit spüren kann.

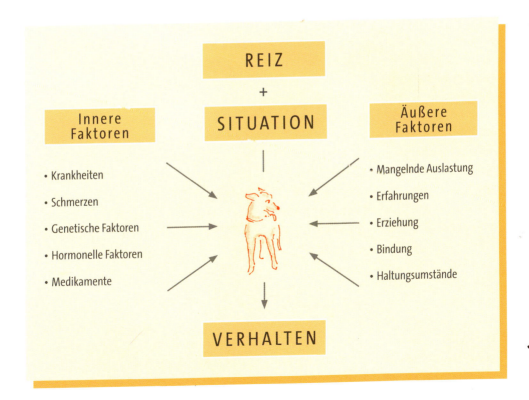

16 Trennungsschmerz verstehen

Eine weitere Besonderheit ist, dass wir Deutschen den Hunden auch einen anderen Tagesrhythmus bieten als zum Beispiel die Südeuropäer. Allein schon durch ein wesentlich heißeres Klima verschieben sich Tag- und Nacht- sowie Arbeits- und Freizeitrituale. Und nun kommt der Hund in seiner Transportbox auf einem deutschen Flughafen an und das Einzige, was er hat, sind Sie!

Auf in ein neues Leben Der Hund muss sich in kürzester Zeit auf sein neues Leben einstellen, die Rituale seines Menschen kennenlernen und sich umorientieren. Zu 98 % brauchen Hunde Rituale. Je besser sie ihre Position innerhalb des „menschlichen Familienrudels" kennen, umso sicherer fühlen sie sich. Folglich werden sie ihre Besitzer studieren und sich in eine gewisse „Abhängigkeit" zu ihnen begeben. Die Hunde werden sich an den Ritualen und Rhythmen ihrer Menschen orientieren und diese annehmen. Das bedeutet, dass der Mensch der einzige feste Orientierungspunkt im neuen Leben eines Hundes ist, und dann geht dieser plötzlich ohne seinen Hund einkaufen und verlässt ihn. Damit verliert der Hund den einzigen Bezugspunkt, den er bisher hatte: Sie. Folglich bricht seine Welt erst einmal zusammen. Unterstützen Sie ihn beim Wiederaufbau.

Tierheimhunde

Hinter Gittern herrscht ein anderes Leben. Tatsächlich auch bei unseren Hunden. Im Tierheim treffen verschiedene Vorgeschichten, mögliche Traumata und individuelle Charaktere aufeinander. Liebevoll ausgedrückt – ein Zirkus voller Narren mit viel Charme. Die Problematik bezüglich des Alleinbleibens liegt aber darin, dass die Hunde in Tierheimen in ihren Zwingerboxen gehalten werden, jedoch Anschluss zu ihren Artgenossen durch die Nebenbox haben. Dadurch sind sie nicht ganz allein. Das macht es für das Tierheimpersonal schwierig, zu beurteilen, ob der Hund entspannt allein bleiben kann. So entstehen so manche Überraschungen für den neuen Halter, wenn er nach der Arbeit wieder nach Hause kommt.

Soziale Bindung und Tierheim

Unsere Aussage über Tierheimpersonal bedeutet nicht, dass sich das Personal nicht kümmert, sondern dass aufgrund des hohen Arbeitsaufwands im Tierheim eine soziale Bindung nicht stattfinden kann. Das ist auch gut so, wenn der Hund weitervermittelt werden soll. Falls er sich zu sehr an das Tierheimpersonal gewöhnt, muss er wieder umlernen, wenn die Folgefamilie ihn dann übernimmt. Auch hier spielt das Thema Rituale wieder eine große Rolle.

Durch einen Zaun können Hunde Artgenossen beobachten und fühlen sich dadurch nicht allein.

Die Übernahme eines Tierheimhundes bedeutet aus Hundesicht, dass er aus einer menschlichen Isolierung gerissen wird und in ein Leben voller Aufmerksamkeit und Liebe gesteckt wird. Damit geben wir dem Hund die Chance, sich wieder binden zu können und Vertrauen aufzubauen. Häufig wird diese Bindung gerade am Anfang sehr gefördert, da wir Menschen emotional handeln und wir im Hinterkopf die schreckliche Vorgeschichte des Hundes gespeichert haben. Aus Zuneigung wollen wir am liebsten die Geschehnisse für den Hund wieder gutmachen: „Jetzt soll er es besser haben." Da wir die Vergangenheit nicht ändern können, bleibt diese Vorgeschichte bestehen. So erhascht der Hund häufig ein kleines bisschen mehr Zuneigung, als für eine gute Bindung gut und gesund ist. Der Hund lebt in der Gegenwart und kann eine Wiedergutmachung aus der Vergangenheit überhaupt nicht verstehen. Hier kann der Ausgangspunkt eines Teufelskreises liegen, der beim Hund beim Alleinsein Panik und Angst auslöst.

Hunde mit einer „schweren Kindheit"

Hunde durchleben eine sozial sensible Phase. Sie findet zwischen der 3. bis max. 20. Lebenswoche statt. In dieser prägungsähnlichen Zeit speichert der Hund gemachte Erfahrungen besonders gut und vergisst sie nicht. Das gilt sowohl für positive als auch für negative Ereignisse. Etwa: Macht der Nachbar Lärm, während der Hund allein in der Wohnung ist und erschreckt diesen, könnte der Hund den Lärm mit dem Alleinsein in Zusammenhang bringen, da Hunde in der Gegenwart leben und eine Handlung mit einem Signal innerhalb von 0,5 Sekunden verknüpfen. Zudem lernen Hunde kontextbezogen, d. h. es prägt sich zu jeder Verknüpfung auch das entsprechende Umfeld ein. In diesem Fall wird die Wohnung im Alleinzustand negativ belegt. Keine gute Voraussetzung für unseren Hund sich allein zu entspannen.

Eine weitere wichtige Erkenntnis aus der Wolf-Hund-Forschung ist, dass Hunde tatsächlich an das Alleinsein gewöhnt werden müssen. Es nützt nichts, wenn der Hund ein halbes Jahr wohlbehütet bei Ihnen aufwächst und er dann durch ein Ereignis, etwa einen neuen Job, plötzlich regelmäßig acht Stunden täglich allein bleiben muss.

Die zu enge Bindung

Last but not least folgt die Gruppe der Hunde, die eine zu enge Bindung zum Halter haben. Das ganze Leben dreht sich hier um den Hund und dieser genießt es, der Mittelpunkt der Welt zu sein! Struppi sucht die Nähe zum Halter und freut sich über die ihm entgegengebrachte Aufmerksamkeit. Es macht ja

Eine zu enge Bindung ist oftmals Mitauslöser einer trennungsbedingten Störung ...

auch Spaß, gemeinsam den Alltag zu bestreiten und mit seinem Hund zu spielen, ihn zu pflegen und ein guter Hundehalter zu sein. Viele Besitzer werden jedoch schnell auf den Boden der Tatsachen zurückgeholt, wenn sie eine verwüstete Wohnung vorfinden, da ihre Hunde sie zu stark vermisst und ihrem Frust auf diese Weise Luft gemacht haben.

> **Hunde, die das Alleinbleiben nicht gelernt haben**
>
> Fehlt einem Hund die Erfahrung allein zu bleiben, weil er es nicht gelernt hat, spricht man von einem Erfahrungsentzug, einem sogenannten Deprivationsschaden. Dieser ist meist nur schwer zu behandeln, jedoch ist der Erfolg von der individuellen Lernerfahrung abhängig.

... und wird meist zu spät vom Besitzer erkannt.

Zu wenig Führung

Eine weitere Gruppe sind die Hunde, die wiederum zu wenig von ihren Haltern gelenkt werden und denen der Halt im „Familienrudel" fehlt. Diese Hunde schaffen es zwar meist, Herrchen und Frauchen gut auf Trab zu halten, wenn es darum geht, den Alltag für sich zu bestimmen, aber sobald sie allein sind, werden die Karten neu gemischt. Zurück bleibt dann ein Hund, der allein auch weiterhin „sein Ding" durchzieht. Was auch immer das bedeutet, erkennen Sie leider erst bei Eintritt in die Wohnung.

Bindung braucht das richtige Maß

Bindungen sind bei jedem Mensch-Hund-Team unterschiedlich in ihrer Intensität. Die Spannbreite reicht von Beziehungen ohne emotionale Nähe bis hin zu einer übersteigerten Bindung (Hyperattachement). Die optimale Bindung zum Hund sollte gefunden werden.

Warum ist ein gutes Mensch-Hund-Verhältnis so wichtig?

Wissenschaftliche Forschungen legen nahe, dass im Lauf der letzten 15 000 Jahre der Haustierwerdung des Hundes eine Bindung zwischen Mensch und Hund stattgefunden haben muss.

Diese Bindung wurde zu bestimmten Zwecken genutzt. Der Hund konnte sich darauf verlassen Nahrung zu bekommen und der Mensch hatte den Vorteil, dass Hunde das Lager verteidigten. Ohne Bindung wäre das enge Zusammenleben zwischen Mensch und Hund gescheitert.

Nun prüfet, wer sich ewig bindet!

Wann ist ein Mensch-Hund-Team ein gutes und woran erkennt man das? Ein herausragendes Merkmal einer Mensch-Hund-Beziehung wird durch den Führungs- bzw. Erziehungsstil des Halters geformt. Je nachdem wie wir selbst erzogen wurden und diese Erziehung wahrgenommen haben, entwickeln wir unseren eigenen Führungsstil. Denn wir wissen: Unser Verhalten gegenüber dem Hund ist ein modifiziertes Elternverhalten. Finden Sie in dem Test auf Seite 34 heraus, wie Ihr persönlicher Stil im Wechselspiel zwischen emotionaler Nähe und Dirigismus liegt. Lassen Sie diesen Test ruhig von allen Familienmitgliedern machen.

Vertrauen und Bindung beruhen auf Gegenseitigkeit.

Emotionale Nähe und Dirigismus

Emotionale Nähe Der Grad der emotionalen Nähe sagt aus, wie stark wir uns mit unserem Hund emotional verbunden fühlen. Wie wichtig ist er uns, wie traurig wären wir, wenn er nicht mehr da wäre?

Dirigismus stellt den Grad dar, wie weit wir Verantwortung für die Handlungen unseres Hundes übernehmen. Verfolgt uns der Hund in unserer Wohnung auf Schritt und Tritt, schicken wir ihn auf seinen Platz, da das Verhalten stört. Dort bleibt er aber nur kurze Zeit, um gleich darauf aufzustehen und uns wieder zu verfolgen. Wie sind jetzt unsere Gedanken? Mit niedrigem Dirigismusgrad denken wir: „Immer wenn ich mir die Schuhe anziehe, steht er wieder auf." Mit einem hohem Grad des Dirigismus denken wir vielleicht: „Wenn ich mir die Schuhe anziehe, veranlasst ihn das, aufzustehen. Ich werde ihm aber zeigen, dass er, auch wenn ich meine Schuhe anziehe, liegen bleiben soll. Und nur ich kann dafür sorgen, dass er dies lernt."

Ein Erziehungsstil mit einer sehr hohen emotionalen Nähe kann zu einer überstarken Bindung des Hundes an den Menschen führen. Das Schaubild macht dies deutlich. Maßnahmen zur Bindungslockerung sind hier sehr hilfreich.

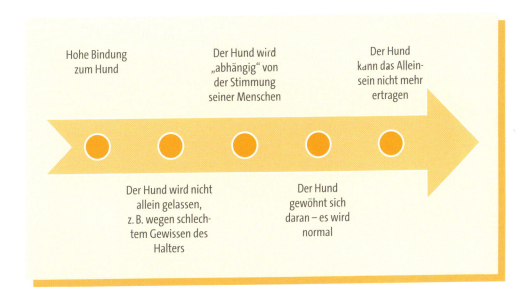

Bindung und Stress

Eine gesunde Bindung gibt Halt, liefert Orientierung, bringt das Gefühl der Sicherheit und soziale Rechte sind geregelt. Das hält das Stressniveau niedrig.

Konsequenz und Führung

Konsequenz hilft Ihrem Hund, in Ihnen gute Führungsqualitäten zu erkennen. Wenn Sie ihm jedes Mal verbieten, sich abends zu Ihnen auf die Couch zu legen, wird er das Verhalten einstellen und lernen, dass Sie es ernst meinen. Lassen Sie es aber hin und wieder zu, würde er feststellen, dass er die Möglichkeit hat, seinen Kopf durchzusetzen. Gleichzeitig signalisiert ihm Inkonsequenz, dass Ihre Führungsfähigkeiten nicht stabil sind. Aus Hundesicht sind Sie dann eine wankelmütige Person, die den eigenen Status der Familie nicht unbedingt sichern kann. Also bleiben Sie konsequent: Entweder rauf oder runter vom Sofa.

Allein mangelnder Dirigismus kann dazu führen, dass ein Hund eine geringe Bindung zu seinem Halter entwickelt. Das Schaubild auf dieser Seite zeigt, wie eine geringe Führung zu einer Überforderung des Hundes führt. Der hier gezeigte Hund entwickelte eine geringe Bindung zu seinen Menschen. Hier helfen Maßnahmen zur Bindungserhöhung.

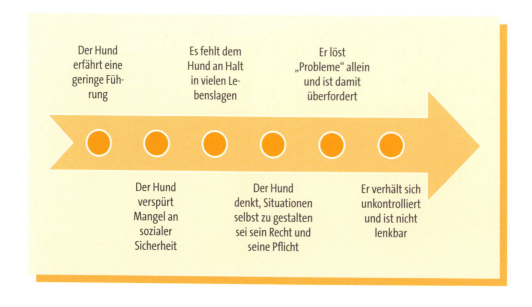

Auch durch ein langsames Herantasten auf das Sofa testet der Hund hin und wieder Ihren Dirigismus.

Durch konsequentes Handeln machen Sie Ihrem Hund klar, was er darf und was verboten ist.

24   Trennungsschmerz verstehen

Lenken und Grenzen setzen – der rote Faden im Umgang mit dem Hund

Die Situation kennen alle: Der Hund soll sich setzen. Sie beginnen mit einem freundlichen „Sitz". Ignoriert der Hund die Aufforderung, folgt ein weiteres „Siiitz" und ein schon leicht genervter Blick. Solche oder ähnliche Szenarien steigern sich problemlos bis zum total genervten und lauten: „Setz Dich endlich hiiiiiin!"

Doch was versteht der Hund? Begeben wir uns wieder in die Hundeperspektive: Zuerst ertönt ein freundliches Signal „Sitz". Frauchen ist entspannt und gut gelaunt. Nachdem der Hund dies aus irgendwelchen Gründen nicht umsetzt, wird die Stimmung oft unangenehm. Die Steigerung ist nach oben offen. Auch hier erkennt Ihr Hund, dass er Ihre Stimmungen durch Ignoranz oder sofortige Durchführung manipulieren kann. Dies animiert ihn, die Rollen zu überprüfen. Sprich, er hat wieder eine Möglichkeit gefunden, an Ihrer Position zu zweifeln. Gleichzeitig lernt er durch jede Nichtdurchführung eines gegebenen Signals, dass keine negative Konsequenz folgt. Welche Möglichkeit haben Sie schon,

Lenken Sie Ihren Hund und setzen Sie ihm auch Grenzen. Je besser Sie das umsetzen, desto sicherer fühlt er sich.

Warum ist ein gutes Mensch-Hund-Verhältnis so wichtig?

wenn Ihr Hund zehn Meter entfernt an einem Hasenbau schnuppert und kein Sitz macht? Besser ist, Sie zeigen auch hier Führungsqualitäten für eine stabile Bindung.

Wie sag ich's meinem Hund?
Alle Tu-das-Signale, wie etwa „Sitz", „Platz", „Hier" usw. werden immer freundlich ausgesprochen. Um dem Hund jedoch mitzuteilen, dass er gerade etwas falsch macht, braucht er ein Signal, das ihm Ihre Stimmung vermittelt, wenn Sie mit seiner Durchführung nicht einverstanden sind. Bei unseren Hunden hat sich das „Nein" bewährt. Dies wird immer strenger ausgesprochen als alle Tu-das-Signale.
In der praktischen Durchführung sagen wir freundlich „Sitz", nach Ignoranz bestimmend „Nein" und danach wieder freundlich „Sitz" und falls nötig wieder bestimmend „Nein". Dieses Spiel kann so lange (konsequent!) durchgeführt werden, bis der Hund sich setzt.

Bildlich sieht das so aus:
Sitz ☺ – NEIN ☹ – Sitz ☺ – NEIN ☹ - Sitz ☺ ... braver Hund ☺ ☺

Vergessen Sie einen solchen Ablauf:
Sitz ☺ - Siiitz ☹ -maach Siitz ☹ ☹ ... Blöder Hund mach Sitz! ☹ ☹ ☹

Jetzt haben Sie nicht nur eine Stimmungsnorm in Ihren Signalen, sondern auch eine Konsequenz, wenn Ihr Hund den Signalen nicht folgt. Mit diesen beiden Worten können Sie konsequent und elegant Ihre Signale durchsetzen. Wichtig ist dabei auch, dass Sie jedes Signal wieder auflösen und nicht Ihr Hund.

Wenn die Bindung zum Halter zu stark ist
Sie nennen ihn auch liebevoll Ihren Schatten! Ihr geliebter Vierbeiner verfolgt Sie auf Schritt und Tritt durch ihr Haus und es ist eine Qual für ihn, wenn Sie nur die Wäsche ohne ihn aus dem Keller holen? Arbeiten Sie an einer Bindungslockerung. Auf den folgenden Seiten lesen Sie, wie Sie dabei am Besten vorgehen.

Auch Hunde lenken sich gegenseitig und setzen sich Grenzen. Es gehört zum normalen Umgangston, auch im Spiel.

Tabuzonen

Tabuisieren Sie Räume. Ein Hund kann lernen, dass er sich sicher fühlen kann, auch wenn er Ihnen nicht immer hinterher laufen kann. Besprechen Sie mit Ihrer Familie, dass es Tabubereiche gibt, etwa, dass der Hund nicht mehr ins Badezimmer darf.

„Dieser Raum ist tabu"

Auf der Schwelle zu diesem Raum heißt es ab nun Endstation für Ihren Hund. Gerade Hunde mit Trennungsängsten fallen solche Übungen schon schwer. Bringen Sie ihm die Tabubereiche über das Tabu-Decken-Training bei. Dabei stehen für Hund und Halter mehrere Lernerfahrungen bereit, die alle bei der Behandlung von trennungsbedingten Störungen eine wichtige Rolle spielen: Neben der rangklärenden Wirkung kann der Halter etwas über seine eigene Fähigkeit lernen, wie er seinem Hund Grenzen setzt und ein Verbotswort etabliert. Auch erfährt er viel über die Strategien seines Hundes, zu bekommen was er fordert.

Vor allem nutzen wir aber den Effekt, dass der Hund eine Linie nicht überschreiten darf. Es wird dem Hund vermittelt, Sichtgrenzen zu akzeptieren und diese nicht zu überschreiten. Weiterführend nutzen wir dieses Grundtraining, um bei der Behandlung von trennungsbedingten Störungen Räume zu tabuisieren oder bestimmte Bereiche nicht zu betreten.

Lockern Sie die Bindung, wenn Ihr Hund Sie wie ein Schatten verfolgt.

Tabuzonen

> **Wichtig!** Machen Sie dieses Training niemals ohne einen Fachmann, wenn Ihr Hund dazu neigt, sich stark respektlos zu verhalten oder Sie mit Ihrem Hund zusätzlich ein Aggressionsproblem haben.

Auf die Decke – fertig – los!

Indem wir eine Decke an einen Ort legen, an der sonst noch keine Decke liegt, schaffen wir eine neue Ressource. Diese wird sofort von uns beansprucht, indem wir uns darauf setzen. Meistens reicht schon das Hinsetzen, um uns für den Hund interessant zu machen. Notfalls kann das Interesse des Hundes durch Futter oder Spielzeug geweckt werden. Versucht nun der Hund die Sichtgrenze „Deckenkante" zu überschreiten, reagieren wir mit „Abwehrhandlungen". Wir lassen ihn auf keinen Fall die Grenze überschreiten.

Tabu-Decken-Training leicht gemacht

> Verwenden Sie eine fransenlose Decke mit festen Seitenrändern. Die Decke sollte nicht größer sein als 1,5 Meter x 1,5 Meter.
> Achten Sie darauf, dass die Decke gut auf dem Boden aufliegt und sich keine Wellen am Rand bilden.
> Um zu verhindern, dass der Hund einfach weggeht oder sich etwas anderem Interessantem zuwendet, schaffen Sie eine reizarme Umgebung. Trainieren Sie im Wohnzimmer. Das kennt er. Da findet er nichts spannendes Neues zu entdecken.

Es gibt jetzt zwei Zustände:

A) Der Hund hält sich außerhalb der Decke auf = Er zeigt somit das gewünschte Verhalten. Loben Sie ihn ruhig für seine Handlung.

Durch eine stabile Bindung kann sich der Hund auch ohne Ihre direkte Nähe entspannen.

B) Der Hund berührt die Decke oder steht womöglich ganz darauf = Er zeigt ein unerwünschtes Verhalten, er hat die Grenze überschritten.

> Geben Sie ihm ein Feedback über sein Verhalten. Verhält er sich wie gewünscht, geben Sie mit Ihrer Stimme ein positives Feedback wie „Gut machst du das, prima, brav ..." Sobald der Hund die Grenze mit einem Körperteil überschreitet, geben Sie ihm in dieser Sekunde eine negative Rückmeldung. Mit Ihrem Körper verhindern Sie das Überschreiten der Grenze und verwenden Sie das von Ihnen gebräuchliche Verbotswort.
> Falls Sie noch kein Verbotswort im Umgang mit Ihrem Hund eingeführt haben, ist jetzt eine gute Gelegenheit, zwei Fliegen mit einer Klappe zu schlagen und hier ein Signal einzuführen, das ihm auch in anderen Situationen ankündigt, dass er ein unerwünschtes Verhalten zeigt und dieses abbrechen soll. Die meisten unserer Kunden bevorzugen „Nein" als ein solches Abbruchssignal.
> Sie erhalten im Training eine gute Stimmung, wenn Sie es im „gewünschten

Dem Hund werden Grenzen aufgezeigt. Durch den Einsatz eines optischen Signals (Decke) fällt das Training umso leichter.

Tabuzonen

Verhaltensbereich" starten. Hier erfährt der Hund gleich zu Anfang, dass es überhaupt einen positiven Bereich gibt und er sich zwischen diesen Bereichen entscheiden kann:
vor der Decke = positives Feedback,
auf der Decke = negatives Feedback.
> „Verführen" Sie Ihren Hund auf die Decke zu kommen. Zu Beginn reicht wahrscheinlich allein schon Ihre hockende Position, damit er animiert wird zu Ihnen und somit auf die Decke zu kommen. Im Lauf des Trainings sollte er sehr schnell lernen, die Grenze zu akzeptieren und Sie werden stärkere Verlockungen benötigen, um ihn zu verführen, auf die Decke zu gehen.
> Bedenken Sie bitte, dass Sie diese Übung nicht machen, um ihn zu drangsalieren oder zu ärgern. Schließlich soll er lernen, auch später bei stärksten Verlockungen eine Sichtgrenze nicht zu überschreiten.
> Werfen Sie ihm also Futter vor die Decke (das darf er nehmen, es liegt ja im gewünschten Bereich) und auch auf die Decke (das darf er nicht aufnehmen, denn es liegt im unerwünschten Bereich).
> Beendet wird das Training, wenn Ihr Hund nicht mehr auf die Decke kommt, auch wenn Sie ihn mit Futter oder einem Spielzeug in Versuchung bringen.

Andere Sichtgrenzen einrichten

Klappt das Deckentraining, können Sie Sichtgrenzen in anderen Bereichen Ihrer Wohnung einrichten. Je nach Trainingsplan soll Ihr Hund vielleicht lernen, den Flur nicht mehr zu betreten. Nur auf ein ausdrückliches Signal von Ihnen darf er über die Türschwelle zum Flur. Damit verweigern Sie ihm den Weg bis zur Haustür, wenn Sie weggehen.

So gehen Sie dabei vor:

> Nutzen Sie die Linie, an der der Bodenbelag des angrenzenden Raumes beginnt. Dies ist jetzt die Grenzlinie.
> Arbeiten Sie genauso wie beim Training mit der Decke und lassen Sie den Hund die Grenze nicht überschreiten.
> Hier wird es wieder etwas schwierig, wenn Sie etwas von der Sichtgrenze entfernen und der Hund nicht folgen darf. Vergessen Sie nicht das positive Feedback, solange er hinter der Grenze stehen bleibt. Denn so halten Sie den Hund motiviert im Training und er kann das Richtige noch besser lernen.

Tipp Achten Sie auf anfangs kurze Übungszeiten und erhöhen Sie die Anforderungen langsam. Je fleißiger Sie sind, desto schneller haben Sie einen Lernerfolg.

30 Trennungsschmerz verstehen

Interaktionen erkennen und richtig reagieren

Bringen Sie Struktur in den Alltag. Lassen Sie sich nicht von Ihrem Hund zu Handlungen auffordern, die Sie gar nicht wollen. Wie schnell passiert es unbewusst, dass uns die warme Hundeschnauze berührt und wir intuitiv beginnen ihn zu kraulen.

Aktives Ignorieren

Der Hund freut sich über solche unbewusste Zuneigung. Und er weiß, wie er seine Menschen „knacken" kann. Dadurch schenken wir dem Hund häufig (unbewusst) mehr Aufmerksamkeit als uns lieb ist. Fangen Sie also an, Ihren Hund bewusst aktiv zu ignorieren. Das bedeutet, dass er mehrfach am Tag von Ihnen weder angesprochen noch angefasst oder gar angesehen wird.

So gehen Sie dabei vor:

› Anfang und Ende dieser Übung soll für den Hund klar definiert sein, denn woran sollte er sonst festmachen, warum Sie

Auf charmante Weise versucht Whopper, Aufmerksamkeit zu bekommen.

Dabei lässt er sich eine Menge einfallen.

Interaktionen erkennen und richtig reagieren 31

plötzlich nicht mit ihm sprechen und dann wieder doch.
> Suchen Sie sich ein altes Kleidungsstück, z. B. einen Schal, der ansonsten in Ihrem Alltag keine Rolle spielt und somit als Trainingshilfsmittel definiert werden kann. So bekommt dieser Schal für den Hund eine ganz klare Bedeutung.
> Diesen Schal hängen Sie zu Beginn des Trainings, gut sichtbar für den Hund, über die Türklinke und ab dann beginnt das aktive Ignorieren. Es dauert solange, bis Sie den Schal wieder verschwinden lassen.
> Diese Handlung bekommt Signalcharakter und nach einigen Wiederholungen wird Ihr Hund merken, dass, sobald der Schal hängt, die Gunst um Sie vergebens ist. Er kann zur Ruhe kommen.

Ein Schal bekommt Signalcharakter – vorausgesetzt er steht im zeitlichen Kontext.

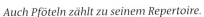

Auch Pföteln zählt zu seinem Repertoire.

> Sie können Ihren Hund täglich in zwei bis drei Übungseinheiten ein paar Minuten aktiv ignorieren. Die genaue Intensität und Zeit ist hundeabhängig. Sind Sie unsicher, was bei Ihrem Hund richtig ist, klären Sie es mit einem guten Hundetrainer ab. Dieser dient Ihnen als objektiver Begutachter. Er kann Ihnen mitteilen, ab wann das Training zu anstrengend für Sie oder den Hund ist. Er zeigt Ihnen Ihre Fortschritte und möglichen „Baustellen" auf. Diese Objektivität hilft Ihnen beim Training.

Maßnahmen, wenn die Bindung fehlt

Ihrem Hund ist es völlig egal, ob Sie mit auf dem Spaziergang sind oder eben auch nicht? Er hört zwar akustisch Ihre Signale, aber darauf hören und reagieren tut er nicht? Spielen nach Ihrer Aufforderung? ... Nicht richtig. Schluss damit!

Auch für solche Fälle gibt es Trainingsmöglichkeiten. Drehen Sie den Spieß um. Machen Sie sich interessant und beginnen Sie damit, dass Sie im Alltag agieren und Ihr Hund sicher darauf reagiert!

Werden Sie zu seinem Zentrum der Macht!

Ressourcen sind für den Hund all das, was für ihn (über)lebenswichtig ist. Dazu gehören Nahrung, sowohl als Mahlzeit aber auch das Leckerchen zwischendurch, Spielzeug, Frauchen und Herrchen, Schlafplätze usw. Ab sofort werden Sie Herr dieser Dinge und verwalten diese Ressourcen. Füttern Sie den Hund aus der Hand. Er bekommt sein Futter, wenn er etwas für Sie tut, etwa ein gefordertes Sitz. So kann er sich sein Fressen verdienen und Sie peppen gleichzeitig den Grundgehorsam des Hundes wieder auf. Sie werden merken, wie viel Spaß das macht.

Dadurch werden Sie interessant und der Hund lernt, den Fokus auf Sie zu richten und nicht auf das Klappern des Hundenapfs.

Machen Sie sich zur Ressource

Beim Spielen Genauso fordern Sie ab jetzt zum Spielen auf. Geht Ihr Hund darauf ein, spielen Sie ein paar Minuten und beenden es genauso spontan, wie Sie es angefangen haben. Danach kommt das Spielzeug weg, sodass der Hund allein keinen Zugriff hat und Ihre Hilfe benötigt. Außerdem entziehen Sie sich seiner Aufmerksamkeit. Er wird Sie beobachten müssen, um zu seinem Vergnügen zu kommen. Und dieses Ziel erreicht er nur mit Ihnen. Sie werden sehen, wie schnell sich die Bindung zu Ihren Gunsten verschieben wird. Sobald das der Hund verstanden hat und eine Regelmäßigkeit im Tagesablauf stattfindet, werden Sie merken, dass das

> **Tipp**
> Beenden Sie alle Übungen und Spiele, wenn der Hund den bestmöglichen Erfolg hat und die höchste Motivation zeigt. Dadurch steigern Sie sein Verlangen nach Wiederholungen und legen den Fokus weiter auf sich selbst, da der Start von Ihnen abhängig ist.

Interaktionen erkennen und richtig reagieren 33

Auch in freier Natur muss der Grundgehorsam funktionieren.

Zusammenleben mit Ihrem Hund immer angenehmer wird.

Gehorsamsübungen Trainieren Sie die wichtigsten Grundgehorsamkeitsübungen. Ihr Hund sollte bestimmte Signale sowohl in Ihrer Nähe als auch in größerer Entfernung zu Ihnen sicher beherrschen. Dazu zählt auch, dass Ihr Hund umgehend auf Ihr Signal hin kommt, auch wenn er gerade ein Reh sichtet, und Sie ihn nicht erst durch das Rascheln in der rechten Jackentasche mit der Leckerchentüte „überzeugen" müssen. Wir wissen, dass Sie jetzt schmunzeln, aber das geht! Probieren Sie es aus. Auch hier hilft Konsequenz und Geduld.

34 Trennungsschmerz verstehen

Auch bei Mehrhundehaltung lohnt sich eine regelmäßige Überprüfung des Grundgehorsams.

Testen Sie Ihren Führungsstil

Mit dieser Erkenntnis, der richtigen Einschätzung des eigenen Hundes und diesen Übungen können Sie einen wichtigen Grundstein legen, um trennungsbedingte Störungen in den Griff zu kriegen. Fällt es Ihnen schwer, Ihren eigenen Hund und sich selbst neutral zu beobachten und zu bewerten?
Überprüfen Sie Ihren Führungsstil im folgenden Testbogen. Mit Hilfe dieses Fragebogens erkennen Sie, welche emotionale Nähe Sie zu Ihrem Hund haben und welcher Führungstyp Sie sind.

Testen Sie Ihren Führungsstil 35

Streng, lasch oder richtig?

Fragen	Trifft zu	Trifft eher zu	Trifft eher nicht zu	Trifft nicht zu
1 Ich beobachte meinen Hund gern, wie er in verschiedenen Situationen reagiert.				
2 Ich mische mich nicht ein, wenn mein Hund jemanden anbellt, einen Hund oder einen Menschen nicht mag.				
3 Wenn mein Hund mich nervt, schicke ich ihn weg.				
4 Ich liebe es, mit meinem Hund zu schmusen oder ihn zu knuddeln.				
5 Wenn mein Hund Angst hat oder sich etwas nicht traut, werde ich ungeduldig.				
6 Wenn mein Hund anstrengend wird, sage ich ihm, was ich erwarte und was er tun soll.				
7 Ich lobe meinen Hund nur für besondere Leistungen, denn zu viel Lob ist nicht gut.				
8 Ich lasse vieles durchgehen.				
9 Wenn mein Hund sich unangemessen verhält, reagiere ich sofort.				
10 Wenn sich mein Hund anders oder auffällig verhält, versuche ich herauszufinden, was der Grund dafür ist.				
11 Wenn ich „Nein" gesagt habe, setze ich das auch durch.				
12 Wenn mein Hund etwas gut gemacht hat, zeig ich ihm, dass ich mich freue, und lobe ihn.				
13 Ich lasse meinen Hund Dinge selbst entscheiden und zwinge ihn zu nichts.				
14 Ich bin schnell verärgert, wenn mein Hund mich stört, während ich beschäftigt bin.				
15 Ich bin jemand, der Konsequenzen folgen lässt, wenn mein Hund bestehende Grenzen überschreitet.				
16 Wenn mein Hund allein spielt, sehe ich ab und zu nach ihm.				
17 Ich reagiere klar und entschieden, wenn es ein Problem mit meinem Hund gibt.				
18 Ich verbiete meinem Hund fast nichts.				
19 Wenn mein Hund allein ist, lasse ich ihn auch mal länger warten.				
20 Wenn mein Hund sich nicht gut benommen hat, übe ich diese Situation mit ihm, damit es beim nächsten Mal besser klappt.				

Auswertung zum Thema Dirigismus

Frage	Trifft zu	Trifft eher zu	Trifft eher nicht zu	Trifft nicht zu
2	1	2	3	4
6	4	3	2	1
8	1	2	3	4
9	4	3	2	1
11	4	3	2	1
13	1	2	3	4
15	1	2	3	4
17	4	3	2	1
18	1	2	3	4
20	4	3	2	1
Summe				

10 bis 18 Punkte

Sie sind Hundebesitzer, der seinem Hund viel Freiheit lässt und wenig Regeln vorgibt. Sie geben den Wünschen Ihres Hundes nach und greifen nur selten ein, um Ihren Hund zurechtzuweisen. Wenn Sie eingreifen, reden Sie mit Ihrem Hund und erwarten Einsicht und Verständnis und lassen nur selten Konsequenzen folgen. Ihrem Hund bleibt vieles selbst überlassen, auch Entscheidungen, die Sie als Hundebesitzer besser treffen könnten. Der Hund benötigt aber ein bisschen mehr.

Tipp: Machen Sie sich klar, dass Hunde klare Regeln und Grenzen brauchen, die auch durchgesetzt werden. Nur so können Hunde lernen, sich angemessen zu verhalten und die Grenzen in unserer Gesellschaft zu akzeptieren. Sie haben als Hundebesitzer die Aufgabe und das Recht zu entscheiden, wohin Sie Ihren Hund lenken wollen. Allein findet er den Weg nicht.

19 bis 32 Punkte

Sie haben häufig klare Vorstellungen, wie sich ein Hund verhalten soll und welche Dinge Sie sich von ihm wünschen. Sie lenken Ihren Hund und setzen in einigen Bereichen Grenzen. Oft gelingt es Ihnen auch, Dinge durchzusetzen, obwohl Sie dabei manchmal in längere „Diskussionen" mit Ihrem Hund geraten. Teilweise fragen Sie sich, ob Sie Ihrem Hund zu viel verbieten und zu wenig Freiheit lassen.

Tipp: Setzen Sie Prioritäten. Lassen Sie unwichtige Dinge durchgehen und nutzen Sie Ihre Energie dafür, an den Stellen Ihrem Hund klare Grenzen zu setzen, wo Ihnen etwas wirklich wichtig ist. Wenn sich Ihr Hund nicht daran hält, reagieren Sie sofort und entschieden und vermeiden Sie „Diskussionen". Hunde diskutieren auch nicht.

Testen Sie Ihren Führungsstil

33 bis 40 Punkte

Ihr Hund weiß meist sehr genau, wo seine Grenzen liegen und womit er nicht durchkommen wird. Sie schaffen es, Ihrem Hund klar zu machen, was Sie von ihm möchten und welches Verhalten unerwünscht ist. Wenn es Probleme gibt, warten Sie nicht erst lange ab, Sie reagieren sofort und entschieden. Regeln, die Ihnen wichtig sind, setzen Sie auch durch.

Tipp: Lassen Sie dort, wo es nicht wichtig ist, auch mal „Fünfe gerade sein" – zu viele Regeln können Hunde überfordern. Stellen Sie sicher, dass Ihre Erwartungen nicht zu hoch sind und dass Ihr Hund seine Grundbedürfnisse ausleben kann.

Oftmals können Außenstehende die Bindung zwischen Ihnen und dem Hund gut analysieren. Suchen Sie sich Ihre Vertrauten. Das können auch gute Hundetrainer sein.

Auswertung zum Thema emotionale Bindung

Frage	Trifft zu	Trifft eher zu	Trifft eher nicht zu	Trifft nicht zu
1	4	3	2	1
3	1	2	3	4
4	4	3	2	1
5	1	2	3	4
7	1	2	3	4
10	4	3	2	1
12	4	3	2	1
14	1	2	3	4
16	4	3	2	1
19	1	2	3	4
Summe				

10 bis 18 Punkte

Sie fühlen sich häufig von Ihrem Hund gefordert und sind genervt, wenn er sich meldet und etwas will. Sie haben das Gefühl, keine 10 Minuten für sich zu haben. Unerwünschtes Verhalten wie starker Spieldrang, an der Leine ziehen und zerren und Unkontrollierbarkeit bringen Sie häufig „auf die Palme", und das bekommt Ihr Hund zu spüren. Viele Dinge, die er macht, sehen Sie als Selbstverständlichkeit. Besondere Aufmerksamkeit gibt es nur für besondere Leistung.

Hunde brauchen soziale Nähe – erst recht zu Artgenossen.

Tipp: Hunde brauchen soziale Nähe und das Gefühl dazuzugehören. Nur wenn Ihr Hund einen sozialen Platz in Ihrer Familie bekommt, kann er sich zu einem angenehmen Hund entwickeln.

19 bis 32 Punkte

Mit Ihrem Hund etwas zu unternehmen, wie Reden, Spielen, Streicheln usw. macht Ihnen Spaß. Sie integrieren und erziehen ihn. Manchmal sind Sie unsicher im Umgang mit ihm und es fällt hin und wieder schwer, Ihre eigenen Bedürfnisse und die des Hundes unter einen Hut zu bekommen. Sie freuen sich, wenn er sich auch einmal allein beschäftigt.

Tipp: Beachten Sie Ihre eigenen Bedürfnisse. Befassen Sie sich statt langer gemeinsamer Beschäftigungen nur einige Minuten mit Ihrem Hund – aber das möglichst oft. Das entlastet Sie und wird den Bedürfnissen des Hundes gerecht.

33 bis 40 Punkte

Ihr Hund hat es gut bei Ihnen. Er fühlt sich angenommen und zugehörig. Sie nehmen sich auch Zeit, auch wenn es eigentlich gerade zeitlich nicht passt. Sie bringen viel Geduld bei der Erziehung auf und wissen um die Bedürfnisse Ihres Hundes. Sie möchten immer Neues erfahren.

Tipp: Achten Sie auf sich selbst und Ihre Bedürfnisse. Auf Dauer können Sie Zuwendung, Geduld und Aufmerksamkeit nur dann geben, wenn Sie selbst ausgeglichen sind. Vermeiden Sie es, Ihren Hund durch Aufmerksamkeit unabsichtlich für unerwünschtes Verhalten zu belohnen.

Erscheinungsbilder
und Ursachen erkennen

Erscheinungsbilder der Trennungsangst

Es geht los und Sie können sich in die Analyse zur Erkennung der einzelnen Erscheinungsbilder stürzen, um eine geeignete Therapieform zu finden. Das Wissen aus dem ersten Kapitel hilft Ihnen, Verständnis für die Situation aufzubringen und den Umgang mit Ihrem Hund zu stärken.

Ausscheidungsverhalten

Sie schließen die Haustür auf und sehen jede Menge Kot und Urin in der Wohnung verteilt. Diese Offenbarung Ihres Hundes muss Ihnen nicht peinlich sein. Viele unserer Kunden vermeiden das Thema rund um die Hinterlassenschaften ihres Hundes in der Wohnung anzusprechen. Erst nach eindeutigem Nachfragen wird „gebeichtet", dass es zu der einen oder anderen Verunreinigung kommt. Dieses Wissen um den Kot- und/oder Urinabsatz ist für die weitere Arbeit jedoch ein wichtiger Aspekt in der Therapie. Wir benötigen sogar Informationen über die Konsistenz, Farbe und Beschaffenheit des Kots. Außerdem wäre es wichtig, dass Sie sagen können, wo in der Wohnung Kot liegt. Unterscheiden Sie, ob Sie diesen direkt vor Eingängen und Türen finden oder die Häufchen quer in der Wohnung verteilt sind. Wenn die Ausgänge kontaminiert sind, gibt dies einen Hinweis auf eine mögliche Isolationspanik (siehe S. 50). Sehen Sie, dass es sich um Durchfall handelt und/oder der Hund durch seine eigenen Hinterlassenschaften läuft, zeigt das je nach Intensität an, wie hoch der Stresspegel ist. Sie merken jetzt schon, dass es spannend bleibt, obwohl wir uns bislang nur über Hinterlassenschaften unterhalten haben.

Wichtig! Alle Erscheinungsbilder können zwar einzeln auftreten, jedoch vermischen sie sich häufig untereinander. Sie müssen zusammen und auch einzeln in ihrer Gewichtung gewertet werden.

Erscheinungsbilder der Trennungsangst

Daher ist es sinnvoll, dass Sie sich eine Skizze Ihrer Wohnung machen und eine kleine „Buchführung" über die Kot- und Harnabgänge Ihres Hundes machen. Ähnliches gilt für den Urinabsatz. Wie groß sind die Pfützen – sind es mehrere oder nur eine? – und wo befinden sie sich? Bei jeglicher Form von Urinabgang sollten Sie immer vor einer Analyse abklären, dass es sich nicht um eine Entzündung der Harnwege handelt und Ihr Hund eigentlich problemlos allein bleibt, wenn da nicht diese Blasenentzündung wäre.

Tagebuch führen

Führen Sie am besten ein kleines Tagebuch. Notieren Sie das Datum und die Uhrzeit, wann Ihr Hund wie lange alleine war. Danach tragen Sie Konsistenz (Durchfall oder fester Stuhl) mit ein und wo die Häufchen in der Wohnung verteilt waren.

Nie bestrafen!

Bestrafen Sie Ihren Hund nicht, wenn Sie Hinterlassenschaften finden. Er kann die Verknüpfung, dass Sie sich aufregen, weil er in die Wohnung gemacht hat, nicht herstellen. In diesem Fall ist es besser, nichts zu sagen, als zur falschen Zeit etwas zu äußern, was den Hund verwirrt. Stattdessen: Ignorieren und wegwischen.

Stubenunreinheit

Erscheinungsbild	Deutet hin auf...
Mehrere kleine Urinpfützen	Infektion der Harnorgane?
Mehrere kleine Urinspritzer	Harnmarkieren des Rüden?
Urinpfütze in einem abgelegenen Raum	Der Hund konnte den Urin nicht mehr halten.
Kothaufen in einem abgelegenen Raum	Der Hund konnte den Kot nicht halten.
Kot oder Urin im Bett oder auf dem Sofa	Der Hund sucht Sicherheit.
Kot und/oder Urin direkt vor dem Ausgang. Hund ist mehrmals durchgelaufen.	Der Hund hatte wahrscheinlich Angst, war in Panik.
Stubenunreinheit mit Kot **und** Urin	Höchstwahrscheinlich liegt kein organischer Grund vor, sondern eine verhaltensbedingte Ursache.

Wichtig für die Beurteilung: Wo hat sich der Hund gelöst?

42 Erscheinungsbilder und Ursachen erkennen

Aus der Hundeschnauze können Sie viele Töne hören...

...lernen Sie diese zu interpretieren!

Vokalisation

Eine andere Form von Struppi-bleibt-nicht-allein-zu-Hause kann sein, dass Sie ihn bellen, jaulen und oder winseln hören. Der Überbegriff hierfür ist „Vokalisation". Dabei ist es nötig, die Art und Weise der Vokalisation zu unterscheiden.

Wichtige Vokalisationsarten

> Monotones Bellen Ihr Hund bellt mit monotoner Bell-Stimme, durchweg gleich, ein – menschlich ausgedrückt – emotionsloses Ständchen. Zwischendurch sind Unterbrechungen zu erkennen und zeitliche Pausen. Irgendwann, aber der Zeitpunkt ist unklar, hört es vielleicht ganz auf, manchmal jedoch nicht. Dies könnte, genau so wie es klingt, aus Langeweile (siehe S. 52) geschehen.

> Leidendes Heulen Ihr Hund fängt sein Konzert direkt mit einem leidenden Unterton an, der sich proportional mit der Zeit in Lautstärke und Intensität bis hin zu einem Wolfsgejaule steigert. Es hört sich alles andere als langweilig an. Hier sollte unbedingt ein Blick auf den Stresspegel und mögliche Ängste, die aufgrund der Trennung von Hund und Besitzer auftreten, geworfen werden (siehe S. 50). Abhilfe kann in beiden Fällen geschaffen werden.

Erscheinungsbilder der Trennungsangst

Verwüstung und Zerstörung

„Vandalismus ist strafbar", also zumindest bei uns Menschen. Bei unseren Hunden sollten wir hier eher beobachten, was da so alles passieren kann und wie wir es definieren. Haben Sie schon einmal eine Dogge gesehen, die sich IN die Couchgarnitur verkrochen hat und nur noch mit dem Kopf aus dem Mittelstück herausschaute? Glauben Sie uns, die Dogge führte nichts Böses im Schilde – sie suchte nur eine Schutzmöglichkeit, um das Alleinbleiben zu überstehen, bis ihr Frauchen sie endlich „retten" konnte. Das Problem war nur, dass das Sofa diese Ausflüge ins Innenleben nicht ganz überstanden hatte.

Der Betten- und Sofaverwüster

Ihr Hund verwüstet beim Alleinbleiben gern Betten, Couch und Sofagarnitur oder räkelt sich darin und/oder pinkelt auch gern einmal hinein?
Er sucht Sie! Was liegt näher als die Bereiche zu erobern, die am intensivsten nach Ihnen riechen und von allen Möbeln die meiste Entspannung bieten?! Betten und Sofas riechen einfach nach Ihrer Entspannung, da wir diese Gegenstände meistens im entspannten Modus nutzen. Diesen Entspannungsgeruch nutzt auch der Hund, um seine Angst zu verringern.

Die Sache mit der Langeweile

Frauchen ist weg und „Attacke Pinguin": Die Wohnung sieht aus, als hätten Ihre 16-jährigen Kinder ein Wochenende allein zu Hause verbracht und eine große Fete gemacht – nur leider vergessen, wieder aufzuräumen.
Von zerfressenen Schuhen, Kugelschreibern über zerfetzte Telefonbücher sind der Fantasie keine Grenzen gesetzt. Hierbei handelt es sich um willkürliche Gegenstände, die zufällig schnauzen- und spielbereit vor Ihrem Hund lagen. Na, wenn da nicht jemanden langweilig war.

Auch Langeweile kann ein Grund für Vokalisation sein.

Panische Zerstörungen

Für den Hundehalter oft ärgerlichere Arten der Zerstörung, sind die an Fenster und Türen. Hierbei handelt es sich meistens um Kratzspuren an der Tür- und Fensterseite. Die Intensitäten verlaufen von leichten Spuren bis hin zu herausgekratzten oder herausgebissenen Holzrahmen. Der Hund versucht, die Ausgänge und Fluchtmöglichkeiten zu öffnen und zu nutzen. Hauptsache raus und Herrchen hinterher. Dabei kann es nicht nur sein, dass der Hund die Krallen einsetzt, sondern es passiert nicht selten, dass er im wahrsten Sinne des Wortes mit dem Kopf durch die Wand will und so versucht, Fluchtlöcher zu schaffen. Diese Art der Zerstörung tut nicht nur bei Sichtung der Tapetenreste weh, sondern stellt eine hohe Verletzungsgefahr für den Hund dar. Ebenso kann man sich gut vorstellen, wie hoch der Leidensdruck des Hundes ist, wenn ihm diese Schmerzen so egal werden, dass er trotzdem gräbt. Hier geht das Leid des Hundes so weit, dass es in einigen Fällen sogar tierschutzrelevant wird. Diese Art der Zerstörung darf nicht unterschätzt werden. Wenn wir auf dieser Ebene arbeiten, haben wir es meistens mit Isolationspaniken zu tun. Kommen diese Arten der Zerstörung bei Ihnen vor, vergleichen Sie zusätzlich, ob vermehrter Kot- und Urinabgang in der Wohnung zu beobachten ist (siehe Seite 40). Kratzspuren im Zusammenhang mit Hinterlassenschaften sind ein wichtiges Indiz der Isolationspanik (siehe S. 50).

Dieser Hund kompensiert seine Ängste durch das Zerkauen eines Schuhs.

Stress

Ein Leben ohne Stress ist für uns Menschen leider kaum noch vorstellbar. Wir hetzen von Termin zu Termin und versuchen, irgendwie der Familie, den Kindern, dem Job und den Freunden gerecht zu werden. Und mittendrin unser Hund!

Wie der Hund Stress erlebt

Auch an ihm gehen weder akuter Stress noch über Jahre angehäufter Alltagsstress spurlos vorbei. Zusätzlich muss er nicht nur unseren Stress verarbeiten, sondern ist ja selbst unserem Leben ausgesetzt und muss sich in diesem nicht immer ganz arttypischen Hundeleben zurechtfinden. Bedenken Sie bitte wieder, dass wir dem Hund nichts erklären, sondern er erlernt tatsächlich sein Leben durch „Erfolg und Irrtum" und viele Wiederholungen, die ihn entweder sicher oder unsicher werden lassen. Helfen Sie Ihrem Hund, indem Sie Stressanzeichen erkennen, darauf reagieren und diese vermeiden.

Was ist denn Stress überhaupt?

Stress lässt sich aus dem lateinischen „stringere" ableiten und bedeutet „anspannen". Der Körper antwortet mit Stress, wenn er besondere körperliche und kognitive Belastungen zu bewältigen hat. Hält dieser Zustand jedoch dauerhaft an, so wird er krankhaft. Bei unserem vierbeinigen Freund können wir den inneren Zustand nur erahnen, äußere Anzeichen jedoch gut erkennen. Werden Sie sensibel, wenn Ihr Hund eine oder mehrere der folgenden Anzeichen zeigt, vor allem, wenn es darum geht, dass Sie die Wohnung verlassen wollen:

> Erhöhter Herzschlag Diesen erkennen Sie an seinem Puls, verstärkter Atmung und daraus resultierendem stärkeren Hecheln. Häufig ist auch eine vermehrte Speichelbildung zu erkennen.
> Unruhe Ihr Hund verfolgt Sie auf Schritt und Tritt und lässt Sie nicht aus den Augen. Seine Geschwindigkeit ist höher als normal und man könnte ihn auch als schneller als ihr Schatten bezeichnen.

Erscheinungsbilder und Ursachen erkennen

Auch Hecheln sollte man als Stressindiz erkennen und ernst nehmen.

Mehrzahl aller Fälle handelt es sich um ein deutliches Stressanzeichen.

> Gähnen ist nicht nur eine Interpretation des Menschen, dass er müde ist, sondern eigentlich bedeutet es nur, dass im Körper ein Spannungswechsel stattfindet – auch Hunde, die in eine Anspannung übergehen, gähnen häufig.

> Jaulen, Bellen und Winseln Vokalisation nutzt der Hund, um sich im wahrsten Sinne des Wortes Luft zu verschaffen und Stress abzubauen. Viele Hunde nutzen es, wenn sie keine klare Aufgabe haben und nicht wissen, was sie tun sollen. Vom leisen unruhigen Fiepen bis hin zum fordernden Anbellen ist alles dabei und die Intensität nach oben hin offen.

Auch Buddeln kann durchaus ein Stressanzeichen sein.

> Spontanschuppung Häufig wenn Sie das Haus verlassen wollen, ist Ihr Hund plötzlich übersät von weißen Schuppen und jeder Menge Haarausfall. Diese Spontanschuppung tritt in akuten Stressmomenten auf. Der Körper ist auf mögliche Flucht eingestellt und wirft überschüssigen Ballast ab. Dazu zählen Haare und Schuppen.

> Anzeichen beim Rüden Hier können Sie Stressanzeichen an seinem „ausgefahrenen" Penis erkennen. Bitte verwechseln Sie das nicht mit einem angeblich übersteuerten Sexualtrieb. In der

Stress 47

> **Übersprungshandlung** Bei einer Übersprungshandlung steht der Hund im Konflikt. Er will mit Ihnen die Wohnung verlassen. Durch die geschlossene Tür wird das verhindert. Ein Konflikt entsteht, denn er kann nicht mit. Die Folge ist, dass Hunde häufig in Übersprungshandlungen kippen und Sie können als Reaktion einen sich kratzenden Hund sehen. Das Kratzen hat mit dem eigentlichen Konflikt nichts zu tun, sondern ist mehr ein Verhalten aus dem Funktionskreis Pflegeverhalten. Weitere Übersprungshandlungen sind z. B. auch Gähnen, Hochspringen. Unser Hund zeigt am Tag mehrere Übersprungshandlungen. Achten Sie einmal bewusst darauf.

Bei Frauchen kann man sich entspannen – das teilt der Welpe mit Gähnen mit. Von der Anspannung in die Entspannung.

Kratz, kratz – der Hund hat keine Läuse, sondern eher ein Fragezeichen vor dem Kopf, weil er nicht weiß, was er tun soll.

Übersprungshandlungen

In der Wissenschaft werden alle beobachteten Verhaltensweisen in ein sogenanntes Ethogramm eingetragen. Diese Verhaltensweisen werden dann ihren Funktionen nach in Funktionskreise unterteilt. Solche Funktionskreise werden als Sozialverhalten, Sexualverhalten, Komfortverhalten oder auch Jagdverhalten bezeichnet.
In einer Konfliktsituation springt das Verhalten in den Funktionskreis des Komfortverhaltens über: Der Hund kratzt, sich, wenn wir ihm das Signal „SITZ" geben und dies für ihn einen Konflikt bedeutet: „Soll ich mich setzen oder soll ich zur Tür laufen?"

48 Erscheinungsbilder und Ursachen erkennen

Stressreaktionen des Hundes

Ein Hund hat vier Möglichkeiten, auf Stress zu reagieren. Welches Muster er in welcher Situation zeigt, ist von Hund zu Hund unterschiedlich und wird situationsbedingt entschieden.

Erstarren

Ihr Hund hat die Möglichkeit, in akuten Situationen mit einer „Erstarrung" zu reagieren. Überspitzt gesagt: der Hund sieht aus wie ausgestopft. Er erstarrt für einige Sekunden. Dieses Stressbild ist bei trennungsbedingten Störungen auch zu erkennen, wird jedoch häufig nicht als Störung gewertet, da der Hund keine Verhaltensweisen zeigt, die der Mensch als störend betrachtet. Erstarren tritt bei einer trennungsbedingten Störung häufig in Zusammenhang mit depressivem Verhalten auf, wenn der Hund während Ihrer Abwesenheit optisch still im Körbchen liegt, sich nicht bewegt, Futter oder Leckerchen verweigert und zu nichts zu animieren ist.

Während des Spielens lassen sich verschiedene Stressanzeichen wie Flirten und Erstarren häufig beobachten.

„Flirten"

In dieses Verhalten geht die Beschwichtigung mit ein. Etwa bei Hundebegegnungen. Für den Halter schwer zu erkennen, da es eigentlich fatal ist. Der Hund sieht einen anderen Hund und sucht sich direkt einen Plan B. Er schnuppert die schöne Sommerwiese ab. Wir Menschen interpretieren gern einen entspannten Hund hinein, der völliges Desinteresse dem anderen Hund gegenüber zeigt. In Wirklichkeit hat der Hund jedoch

Der rechte Hund „flirtet", indem er den anderen Hund scheinbar ignoriert.

Stress wegen des anderen Hundes und signalisiert deutliche Hinweise, dass er keinen direkten Kontakt wünscht. Da die Kommunikation mit seinem Herrchen jedoch nicht verständlich ist, wechselt er häufig die Strategie und startet „urplötzlich ohne Anzeichen" einen Angriff.

Angriff

Der Hund geht auf den anderen los, ohne angebliche Anzeichen. Das Angriffsmuster zählt zu dem Überbegriff der Aggression. Aggressionen sind nicht negativ zu bewerten, sondern stellen für den Hund eine ganz normale Art der Kommunikation dar und sind überlebenswichtig. Auch Bellen, Knurren und Jaulen gehören dazu. Diese wiederum sind uns als Resultat der trennungsbedingten Störungen nur zu gut bekannt. Deshalb ist das Bellen bei trennungsbedingten Störungen durch Ängste auch intensiver als das Bellen aus Langeweile, weil der Stressfaktor bei Angst wesentlich höher ist.

Flucht

„Nichts wie weg" heißt es, wenn es für den Hund irgendwie möglich ist. Das klappt bei Hunden, die zu Hause bleiben müssen nur bedingt, da alle Ausgänge verschlossen werden. Zerkratze Türen und Fenster sind ein deutlicher Hinweis, auf den Stresspegel. Gleichzeitig zeigt es uns, dass sich der Hund nicht einmal in den eigenen vier Wänden sicher fühlt.

Auf und davon. Der kleine Welpe versucht, sich an Frauchen vorbei aus dem Staub zu machen. Aber er hat keine Chance.

Finden Sie die Ursachen

Die Ursachen dafür, dass der Hund nicht entspannt allein bleiben kann, liegen in der Vergangenheit. Machen wir uns gemeinsam auf die Suche und betreiben Ursachenforschung.

Hunde können genauso Ängste entwickeln, wie wir Menschen es tun. Wir wissen, dass sich Ängste verstärken und abschwächen können. Häufig hat es bei uns Menschen damit zu tun, ob wir uns unseren Ängsten stellen (wollen), darüber sprechen usw. Wir können selbst entscheiden. Bei unserem Hund können wir nur als „Anwalt für den Hund" auftreten und seine Position stärken, indem wir seine Angst erkennen und verstehen.

Isolationspanik

Die Symptome der Isolationspanik spiegeln sich in panikartiger Angst (siehe Stressanzeichen S. 48) bis hin zur Todesangst wider. Die Stresskurve beginnt sofort nach der Trennung vom Halter und steigert sich kontinuierlich. Nach ca. 20 bis 30 Minuten ist der Höhepunkt erreicht und die Stresskurve sinkt langsam. Sie kann aber durch neue, später auftretende Reize wieder ansteigen.

So sieht der Idealfall aus. Der Hund schläft entspannt.

Ein nicht seltener Anblick: eine zerstörte Wohnungseinrichtung

Sollte der Hund Ausscheidungsverhalten zeigen, können Sie über eine Videokamera beobachten, dass Kot- und/oder Urinabsatz nur während der Stresshochphasen auftritt. Der Kot wird meistens an den Ausgängen in mehrere Haufen verteilt. Der Hund läuft im Stress häufig durch und verteilt den Kot in der Wohnung. Da der gesamte Kreislauf des Hundes auf Hochtouren läuft, wird auch die Darmperistaltik ordentlich angekurbelt, was Durchfall in diesen Momenten begünstigt.

Die Bindung zum Menschen sollte in solchen Fällen überprüft werden, die bis hin zur „sozialen Sodomie" gehen kann. Bei einer Isolationspanik sollte man den tierschutzrechtlichen Aspekt im Auge behalten, da der Hund gewaltig leidet. Ängste können aus schlechten sozialen Umfeldern, gemachten oder fehlenden Erfahrungen entstehen, besonders zwischen der 3. und 5. Lebenswoche des Welpen. Auch eine Deritualisierung gehört dazu, sprich der Wechsel des Hundes aus einer Isolationshaltung in eine sehr bindungsstarke Mensch-Hund-Beziehung – oder umgekehrt.

Die Zerstörungen beschränken sich ausschließlich auf Fluchtversuche, wie zum Beispiel aus Räumen, Autos o. Ä. heraus. Die Zerstörungen können aber beträchtlich sein. Oftmals kommt es zu Verletzungen des Tieres bei Fluchtversuchen, da Schmerzen vom Hund kaum noch wahrgenommen werden, wenn er sich in seiner Panik befindet.

Diese Symptome stellen so ein starkes Leiden dar, das nach dem Tierschutzgesetz verhindert werden muss. Das Gewähren solchen Leidens könnte sogar strafrechtlich verfolgt werden.

Langeweile

Langeweile ist nicht gleich Langeweile, sondern unterteilt sich noch in mehrere Phasen, die stufenlos ineinander übergehen können. Wir sprechen von einer „Spirale der Langeweile".

Wir Menschen kennen das auch. Gelegentlich kommt es vor, dass uns langweilig wird. Dennoch finden wir schnell wieder eine Beschäftigung oder Ablenkung. Je langweiliger es für uns wird, desto frustrierter werden wir und wenn wir uns einmal selbst beobachten, stellen wir fest, dass wir dann auch unlogische Sachen machen. Tesafilmrollen eindrehen, Haargummis langziehen oder sinnlos auf einem Notizblock herumkritzeln. Auch der Hund hat solche Phasen. Zuerst ist ihm langweilig, sein Teampartner – nämlich Sie – fehlt. Je nachdem, wie langweilig ihm wird, kann es sich folgendermaßen steigern:

> Langeweile führt zu Unterforderung.
> Unterforderung führt zu Frustration.
> Frustration führt zu Aggressionsumlenkung.

Als häufigstes Symptom erkennen Sie, neben der Vokalisation, die Zerstörung (destruktives Verhalten). Das kann je nach Stadium der Langeweile und Intensität das Annagen von Möbeln sein, im Stadium der Frustration können Polstermöbel und ganze Wohnungseinrichtungen komplett zerstört werden. Der Hund kann sich so weit in dieses Verhalten steigern, dass es tierschutzrechtlich relevant wird, da der Hund ab dem Frustrationspunkt so intensiv handeln kann, dass er stark leidet und zudem eine hohe Verletzungsgefahr für ihn besteht.

Gähnende Langeweile fördert die Frustration des Hundes.

Ist ein Hund ausgelastet, so kann man das unter anderem auch an seiner Körpersprache lesen.

Die Sache mit der Konditionierung

Eine anerzogene trennungsbedingte Störung erkennen Sie darin, dass es sich um eine instrumentelle Konditionierung handelt (siehe S. 54).

Der Hundehalter erzieht seinem Hund das unerwünschte Verhalten wie Kratzen, Bellen, An-der-Scheibe-Lecken (un)bewusst an. Das geschieht, wenn der Besitzer unbeabsichtigt ein ggf. zuerst zufälliges Verhalten bestärkt. Stellen Sie sich vor, Sie lassen den Hund allein. Er jault und winselt vor sich hin. Durch einen Zufall müssen Sie noch einmal in die Wohnung zurück, weil Sie Ihren Regenschirm vergessen haben. Da Sie unter Zeitdruck stehen, müssen Sie in die Wohnung, obwohl der Hund jault. Nach der Lerntheorie haben Sie damit einen positiven Verstärker gesetzt.

Der Spielautomateneffekt

Sie sind wieder da, das ist eine Selbstbelohnung für den Hund. Passiert das öfter – er jault und Sie kommen zurück – wird er das nun häufig machen. Denn er hatte ja Erfolg mit seiner Strategie, auch wenn dies aus einer zufälligen Situation heraus entstanden ist. Durch variable Verstärkung festigt sich dieses Verhalten schnell und zuverlässig. Die Intensität steigt langsam, aber stetig. Man nennt das auch den Spielautomateneffekt. Es gibt sehr viele Spielsüchtige. Der Anreiz an den Spielautomaten ist groß, da es nicht jedes Mal zu einer Gewinnausschüttung kommt. Und falls doch, ist auch unklar, wie hoch diese ist. Der gleiche Effekt stellt sich bei unseren Hunden ein, wenn variabel oder unbewusst bestätigt wird.

Die Konditionierungsformen

Es gibt zwei Konditionierungsformen. Es ist wichtig, sie zu kennen, um unseren Hund zu verstehen und sich klarzumachen, warum sich Fehler einschleichen können. Fehlverknüpfungen können durch unbewusste Bestätigung entstehen.

Klassische Konditionierung

Hierbei treffen in einem kleinen Zeitintervall (ca. 0,5 Sekunden) aufeinanderfolgend ein Signal und eine Handlung zusammen. Sicherlich kennen Sie die „Pawlow'schen Versuche", in denen der Fleischmahlzeit (Handlung) für die Hunde immer ein Glockenläuten (Signal) vorausging. Nach einiger Zeit reichte der Glockenschlag aus, um bei den Hunden einen Speichelfluss auszulösen, ohne dass Fleisch auch nur in der Nähe war. Dabei hat der Hund das Glockenläuten mit der Futtergabe verknüpft. Durch die zeitliche Überschneidung und der stetigen Wiederholung konnte dieses Verhalten fest im Gehirn verankert werden. Auch beim Alleinsein kommen klassische Konditionierungen vor. Etwa bei zuerst neutralen Reizen: Sie ziehen die Schuhe an. Daran ist nichts außergewöhnlich – eigentlich ein ganz neutrales

Frauchen hat ihren Schirm vergessen...

... der Hund fordert Aufmerksamkeit...

Finden Sie die Ursachen

Verhalten. Dadurch, dass dies immer im Zusammenhang mit dem Alleinbleiben vorkommt, bekommt der zuvor neutrale Reiz eine Signalwirkung und versetzt den Hund in eine entsprechende Stimmung, z. B. Stress.

Instrumentelle Konditionierung

Hierbei treffen nicht nur Signal und Handlung aufeinander, sondern es kommen noch Verstärker dazu.
Es ist das Lernen durch „Erfolg und Irrtum". Hierbei wird das spätere Verhalten durch seine „Erfolgsquote" geformt.
Ein Beispiel beim Alleinbleiben wäre: Sie

... und bekommt trotz des „Fehlverhaltens" ein Lob zur Verabschiedung. Gelernt ist gelernt.

lassen Ihren Hund allein. Dieser springt gegen die Tür und macht einen wahnsinnigen Lärm dabei und bellt aus Langeweile! Da wir Menschen anders „ticken" als Hunde, machen wir uns Gedanken, dass der Hund sich verletzt, die Nachbarn stört oder/und die Tür demoliert. Also kann es passieren, dass man „intuitiv" zurück nach Hause in die Wohnung geht, um nach dem Rechten zu sehen. Aber, wie sieht es beim Hund aus?!
Das Weggehen von Frauchen ist der Reiz (Signal) – es können natürlich auch hier mehrere Reize vorhanden sein, das Hochnehmen des Autoschlüssels, das Anziehen der Schuhe usw. Die Reaktion darauf ist das Bellen. Das Verhalten des Bellens wird nun verstärkt und gefestigt durch den Verstärker, nämlich das Zurückkommen von Frauchen, in dem Moment, in dem der Hund bellt. Aus Sicht des Hundes bedeutet das einen „Erfolg", da durch sein Gebell Frauchen zurückkommt. Nach ein paar Wiederholungen wird sich sein Verhalten steigern. Der andere Fall wäre, wenn das Gebell z. B. wieder „abgeschafft" werden soll. Von jetzt auf gleich interessieren sich Herrchen und Frauchen nicht mehr dafür, ob der Hund bellt. Das Training kann beginnen. Der positive Verstärker – die Aufmerksamkeit/das Wiederkommen – wird dem Hund entzogen.

Auch Blickkontakt ist für Hund und Mensch eine Kommunikationsform.

Wenn der Hund nach einiger Zeit merkt, dass das Bellen nichts bringt, ist es reine Energieverschwendung. Das Verhalten wird nicht bestätigt und erlischt nach einer Weile. Das bedeutet nicht, dass das Bellen für immer gelöscht wird, aber in dieser Situation bringt es keinen Erfolg und wird unter der Rubrik „Irrtum" abgespeichert. In der Hundeerziehung nutzen wir häufig die instrumentelle Konditionierung – auch operante Konditionierung genannt.

Beobachten Sie Ihren Hund beim Verlassen. Vielleicht erkennen Sie schon das eine oder andere Muster, bei dem sich ein Verhalten schon instrumentell (fehl-)konditioniert hat. Die gute Nachricht ist, dass Ihr Hund lernfähig ist und neue Verknüpfungen lernen kann.

Aufmerksamkeit forderndes Verhalten

Aus zu engen Bindungen können sich weitere Effekte entwickeln, nämlich dass der Hund beginnt, den Tagesablauf zu manipulieren, um diesen zu seinen Gunsten zu verschieben. Er fordert immer mehr Aufmerksamkeit des Halters ein. Das kann mit unauffälligen Spielaufforderungen beginnen und sich grenzenlos steigern. Interessant ist, dass nicht Hunde besondere Aufmerksamkeit einfordern, die den ganzen Tag keine bekommen, sondern hauptsächlich die, die bereits Herrchens oder Frauchens 90-prozentiger Mittelpunkt am Tag sind. Wer stellt ein Verhalten ein, mit dem er zu 90 % Erfolg hat? Das schreit doch förmlich nach Vervollständigung auf

Finden Sie die Ursachen

100 %! Nur leider läuft der Tagesablauf völlig aus dem Ruder für den Hund, wenn Frauchen oder Herrchen dann doch einmal allein weg muss.

Auf das richtige Maß kommt es an ...

Natürlich wäre es jetzt einfach, wenn wir uns „nur" zwischen den verschiedenen Ursachen entscheiden müssten, auf einen Knopf drücken könnten und alle Probleme wären gelöst. Aber auch hier gibt es mehrere Möglichkeiten.

Das Trichtermodell – die Mischung macht´s

Alle vorgestellten Ursachen können zusammen, in Kombination oder gar einzeln auftreten. Schematisch haben wir das mit Hilfe des Trichtermodells aufgezeichnet (siehe Abbildung rechts). Das, was unten heraus kommt, ist das Verhalten Ihres Hundes. Das Endprodukt, das Sie erkennen, wenn Sie nach Hause kommen. Und jetzt gilt es, diesen Trichter zurückzuverfolgen, um zu sehen, welche Verhaltensweisen, innere und äußere Umweltreize, Ängste, Auslastungen usw. Ihren Hund dazu veranlassen, so zu handeln, wie er es tut. Dabei können die Ursachen, wie z. B. Langeweile und Angst, ineinandergreifen. Es kann aber auch ein prozentualer Anteil konditionierter Effekte eine Rolle spielen. Vielleicht aber auch Ihr Nachbar, der den Hund während Ihrer Abwesenheit provoziert. Vielleicht hilft es Ihnen, diese einzelnen Trichter-Einwürfe Ihres Hundes prozentual aufzuteilen, um eine möglichst genaue Erklärung zu finden. Jeder Hund hat seinen ganz eigenen individuellen Trichter, der auch in den verschiedenen Lebensphasen unterschiedlich gefüllt ist.

Zur weiteren Analyse können Sie den Fragebogen Seite 68ff. ausfüllen und damit Ihren Ursachen näher kommen.

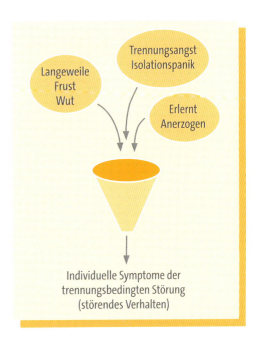

Zwei Beispiele aus unserer Praxis

Fallbeispiel Skipper

In unserer Praxis stellte sich Frau M. mit Ihrem Hund Skipper vor. Skipper war ein dreijähriger, unkastrierter Bobtailrüde, der seit seiner achten Lebenswoche glücklich und zufrieden allein mit seinem Frauchen zusammenlebte.

Anamnese

Zumindest war er solange glücklich, wie Frau M. an seiner Seite war. Skipper war ein durchweg freundlicher Hund, sowohl zur Besitzerin als auch zu anderen Menschen. Während des rund zweistündigen Anamnesegesprächs bei Frau M. zu Hause, gab sie an, dass ihr Hund während ihrer Abwesenheit – nach Aussage ihres Nachbarn – ein „Riesenspektakel" veranstalten würde. Nach einigen Fragen, Videoanalysen und Vormachen kristallierten sich einige interessante Punkte heraus, die unsere vorläufige Diagnose absichern sollte und Hinweise auf die Therapie gaben:
> Skipper zeigte während der Vorbereitungsphase zum Alleinbleiben, wie Schlüssel anheben, Jacke anziehen usw. keine hohen Stressanzeichen. Diese waren im Normalbereich einzustufen.
> Die Videoanalyse ergab, dass auch während Frau M.'s Abwesenheit keine deutlicheren oder stärkeren Stressanzeichen erkennbar waren.
> Während des Gesprächs erzählte uns Frau M., dass Sie erst seit sechs Wochen wieder arbeiten würde und vorher den ganzen Tag für Skipper da war.
> Das Alleinsein wurde nicht trainiert, da es bis zu dem Tag, an dem Frau M. wieder arbeiten musste, keine Notwendigkeit gab, ihn allein zu lassen.
> Die tägliche Auslastung reduzierte sich um die Arbeitszeit von Frau M. von vier Stunden.
> Skipper war Frau M.'s Lebensmittelpunkt. Er war der Hund ihres verstorbenen Mannes gewesen und jetzt die einzige Verbindung zu ihm.
> Durch Nachfragen beim Nachbarn zum Bell-Verlauf stellte sich heraus, dass das „Riesenspektakel" des Hundes als monotones Gebell einzustufen war, was die Videoanalyse bestätigte.
> Während des gesamten Gesprächs versuchte Skipper in kleinen zeitlichen Abständen immer wieder die Aufmerksamkeit von Frau M. zu bekommen. Mit einem 90 %igem Erfolg gelang ihm dies auch.

Diagnose

Skipper zeigte als Erscheinungsbild „Vokalisation". Durch die beschriebene Monotonie neigt die Tendenz zu einem

Eine genaue Analyse ist unerlässlich. Dabei müssen alle Schlüsselreize identifiziert werden.

Verhalten aus Langeweile, was durch die anderen Punkte bestätigt wurde. Die Bindung zwischen den beiden war sehr eng und Skippers Tagesinhalt bestand darin, sich um sein Frauchen zu „kümmern", indem er sie zum Spiel oder ähnlichen Aktionen aufforderte. Da diese Strategien bei Abwesenheit seiner Bezugsperson wegfielen, zeigte der Hund entsprechend gelangweiltes Verhalten durch Winseln und Bellen.

Trainingsplan

Bei der Therapie gingen wir wie folgt vor: Frau M. bekam von uns Übungen zur Bindungslockerung, dazu gehörte aktives Ignorieren und das Tabuisieren von Räumen (siehe S. 26). Durch die sehr enge und liebevolle Bindung war die Beziehung der beiden gekippt und die Führungsqualitäten von Frau M. mussten mit Hilfe eines Grundgehorsamstrainings – Sitz, Platz, Hier, Leinenführigkeit und Nein – wieder gefestigt werden.

Zudem wurde Frau M. darin trainiert, das Management bezüglich Spielphasen, Auslastung usw. zu planen und umzusetzen, und nicht ihr Hund. Gleichzeitig war es ihre neue Aufgabe, nun täglich das Haus für kurze Zeit mehrere Male zu verlassen und Skipper so die Chance zu geben, sich an das Alleinsein zu gewöhnen.

Während der Trainingsphase, in der Skipper noch nicht die ganzen vier Stunden alleinbleiben konnte, wurde er zu einem Hundesitter gebracht. Somit wurde gewährleistet, dass er keine Rückfälle erlitt und seinen neuen Rhythmus entspannt lernen konnte.

Prognose

Da Frau M. sehr motiviert war, war die Prognose sehr gut, Skippers Verhalten wieder in den Griff zu bekommen. Tatsächlich rief uns Frau M. nach nur fünf Wochen an und berichtete stolz, dass ihr Hund nun alleinbleiben konnte. Frau M.

60   Erscheinungsbilder und Ursachen erkennen

freute sich sehr über das Ergebnis und dass sich auch andere Alltagssituationen mehr entspannten.

Bei der Nachkontrolle konnte man auf der Videoanalyse einen entspannten Skipper erkennen, der sich lieber ins Körbchen legte, als vor der Tür nach Aufmerksamkeit zu bellen.

Fallbeispiel Filou

Ende 2008 stellte sich Herr S. mit seinem dreijährigen kastrierten Labrador-Retriever-Rüden Filou vor. Filou wirkte sehr freundlich und Herr S. berichtete uns stolz, wie glücklich er mit diesem Hund gewesen sei und wie schön sich das Zusammenleben gestaltete. Wenn da nicht ein Problemchen wäre ...

Anamnese

Herr S. übernahm Filou vor zwei Monaten aus einem Haushalt, indem zwei Erwachsene, zwei kleine Kinder und zwei Hunde lebten. Aus organisatorischen Gründen musste Filou abgegeben werden, da ihm seine Familie nicht mehr gerecht werden konnte. Herr S. lebt allein und freute sich sehr auf diese Aufgabe. Nach einer Woche ließ er Filou allein, weil er wieder arbeiten musste. Schnell stellte er fest, dass sein neuer Bewohner nicht alleinbleiben konnte. Das wurde zu einem Problem.

Filou zeigte folgende Erscheinungsbilder

> Immer wenn sich Herr S. bereit machte, seine Wohnung zu verlassen, legte sich Filou aufgeregt vor die Wohnungstür, frei nach dem Motto: „Nicht ohne mich!"

> Filou zeigte unruhiges Verhalten und typische Stresssymptome wie vermehrten Speichelfluss und Hecheln, das sich bis hin zu starkem Erbrechen steigerte. Dieser Zustand hielt – laut Videoanalyse – über mehrere Stunden an.

> Zusätzlich kam es hin und wieder vor, dass Filou Kot in Form von Durchfall vor der Tür absetzte.

> Herr S. stellte während seiner Abwesenheit Futter, Leckerchen und Wasser zur Verfügung. Filou rührte jedoch weder den Napf noch die Leberwurstleckerchen an. Diese wurden erst in Windeseile gefressen, wenn Filous Herrchen wieder zu Hause war.

> Herr S. zeigte weder vor dem Verlassen des Hauses noch beim Wiederkommen unbewusste Bestätigungen, sondern blieb in seinem Handeln stets konsequent und gleichbleibend ruhig. Herr S. war sehr daran interessiert, seinen Hund zu verstehen und ihm zu helfen.

> Während der Anamnese stellte sich heraus, dass Herrn S. aufgefallen war, dass sich Filou seit der Übernahme immer stärker an ihm orientierte.

Diagnose

Wir fanden, dass es sich in diesem Fall um eine überstarke Orientierungsbindung handelte. Zwei Komponenten spielen in diesem Fall eine wichtige Rolle:

> Filou hatte seit fast drei Jahren feste Rituale in einem großen Haushalt mit vielen Menschen und Tieren. Er war kaum allein und kannte seine Rhythmen. Nun fand eine „Deritualisierung" statt. Filou kam in einen neuen Haushalt mit neuen Abläufen und „nur" einer Person, die jedoch auch ohne ihn das Haus verließ. Eine Orientierung fehlte zu Beginn gänzlich, da der Hund Orientierung nur aus der Abfolge von Ritualen und Wiederholungen lernen kann, was nach einer Woche nahezu unmöglich ist.

> Der einzige Orientierungspunkt, den er hatte, war Herr S. Er war in Filous neuer Umgebung der Einzige, von dem er Rituale und Rhythmus lernen konnte. Allerdings nicht, wenn er nicht da war ...

Prognose und Therapieplan

Herr S. war ein sehr engagierter Hundehalter und durch klare Definitionen der Ursachen stand einer erfolgreichen Therapie nichts im Wege. Für Herrn S. und Filou gab es Folgendes zu tun:

> Förderung eines orientierten und sicheren Bindungsaufbaus (aus Sicht des Hundes) durch gezielte Übungen des Grundgehorsams, wie auf die Decke schicken, Grenzen setzen und den Hund durch Sitz, Platz usw. lenken.

> Aktives Ignorieren für kurze Sequenzen, damit sich der Hund auch in der Wohnung allein zu orientieren beginnt und erleben kann, dass es auch „ohne" Herrn S. geht.

> Körperliche Auslastung. Herr S. besuchte zweimal wöchentlich eine Apportiergruppe und gab dem Hund eine Auslastung. Der Hund erlangte Sicherheit, Entspannung und Spaß.

> Entspannungsübungen wurden auf dem Hunderuheplatz trainiert. Sie vermittelten Sicherheit.

> Minutenweise Steigerung des täglichen mehrmaligen Alleinbleibens wurden im Alltag trainiert und routiniert.

Endergebnis

Herr S. hatte sich extra drei Wochen Urlaub genommen, um das Problem zu lösen und sogar weiter geplant und einen Hundesitter engagiert –, sollte das Training über den Urlaubszeitraum hinausgehen. Nach einer anfänglichen intensiven Trainingszeit mit Beratung erreichte Herr S. sein Ziel binnen kürzester Zeit. Nicht nur das Alleinsein wurde trainiert, auch Herr S. lernte jede Menge über seinen Hund und sich selbst.

Die Videoanalyse

Wie in Skippers Fallbeispiel gezeigt, ist eine Videokamera ein wichtiges Hilfsmittel, um den Hund während des Alleinseins zu beobachten und damit das Problem genau zu analysieren.

Film ab

Wenn Sie keine eigene Videokamera haben, können Sie sich eine leihen und darauf achten, dass sie zu Trainingsbeginn aufgeladen ist und über genügend Spielzeit verfügt. Nichts ist ärgerlicher, als wenn die Kamera im spannendsten Beobachtungsmoment abschaltet.

Der richtige Kamerastandort

Die Videokamera sollte so positioniert sein, dass sie alle wichtigen Schlüsselreize aufnimmt. Das Verhalten des Hundes sollte zu sehen sein. Außerdem sollte auch aufgenommen werden, wie Sie sich vorbereiten, die Wohnung zu verlassen, und wie Sie gehen. Eine Positionierung Richtung Haustür ist sehr gut. Sind an anderen Ausgängen auch Kratzspuren oder Sie wollen den Ruhebereich, z. B. den Hundekorb, mitfilmen, dann ist der Einsatz einer weiteren Kamera sinnvoll. Planen Sie im Vorfeld, wie viele Blickwinkel Sie betrachten müssen. Denn sonst filmen Sie zwar die Haustür, aber zu 90 % hält sich der Hund doch an anderen Ausgängen auf.

Einschalten und loslegen

Starten Sie die Kamera(s), bevor Sie mit der Ich-gehe-gleich-Prozedur anfangen. Es ist mindestens genauso wichtig, Ihr Verhalten bei der Vorbereitung zum Weggehen zu analysieren, wie das des Hundes. Alle noch so kleinen Details Ihrer Körpersprache und die Reaktion des Hundes darauf, geben Hinweise auf Diagnose und Therapie. Dasselbe gilt auch für das Wiederkommen. Stürzen Sie nicht in die Wohnung und schalten die Kamera sofort aus. Vielmehr sollten

> **Tipp**
> Die Videoanalyse schafft Sicherheit. Egal wie sicher Sie sich in Ihrer eigenen Diagnose sind – was Sie nicht sehen, wissen Sie nicht und das können Sie auch nicht beurteilen und nicht therapieren! Daher nutzen Sie eine Kamera, um Ihre Diagnose zu bestätigen oder zu verbessern.

Die Videoanalyse

Überlegen Sie gut, wo die Kamera positioniert wird oder lassen Sie sich professionell einweisen.

Ihre Kamera sollte alles im Blick haben: Hund, Korb, Haustür.

Sie hereinkommen, Ihren bisherigen Ritualen nachgehen – sich also trotz Kamera genauso verhalten wie immer – und erst nach ca. zehn Minuten, wenn der Alltag eingekehrt ist, die Kamera abschalten. Denn auch hier gilt: „Nach dem Spiel ist vor dem Spiel." Auch nach dem eigentlichen Problem des Alleinbleibens sehen Sie viel im Umgang mit dem Hund, können mögliche weitere unbewusste Bestätigungen erkennen und weitere Stressoren abbauen.

Wenn Sie keine Kamera haben, können Sie zumindest mit einem Babyfon die Zeit überbrücken, bis Sie eine organisiert haben. Mit dem Babyfon lassen sich Vokalisationen analysieren. Sie hören schon unterschiedliche Bellvarianten heraus. Wenn Sie es einem Hundetrainer vorspielen möchten, empfehlen wir ein Diktiergerät. Stellen Sie es in dem Raum an, indem sich auch Ihr Hund aufhält. Achten Sie darauf, dass er es nicht umwerfen und nicht damit spielen kann.

Trennungsbedingte Störungen und der zeitliche Verlauf

Ein wichtiger Aspekt, der bei der Erkennung der Ursache hilft, ist die Beobachtung des zeitlichen Verlaufs. Trennungsbedingte Störungen treten nicht nach dem gleichen Schema auf, sondern lassen sich in ihrer Entwicklung definieren.

Der spontane Verlauf

Jahrelang blieb der Hund problemlos allein, und urplötzlich gibt es Schwierigkeiten. Ein Beispiel dafür kann ein traumatisches Erlebnis sein, das während der Abwesenheit des Besitzers stattgefunden hat. Mögliche Auslöser können Geräusche von außen, Knallgeräusche, Krach durch Nachbarn im Treppenhaus, Einbrecher usw. sein. Eine andere Erklärung für einen spontanen Verlauf (siehe Schaubild a) könnte auch der folgende Fall sein: Der Halter ist arbeitssuchend und geht nie ohne den Hund aus dem Haus. Plötzlich findet er wieder eine Arbeitsstelle und der Hund, der seit drei Jahren in diesem Haushalt lebt und nie allein war, muss sich erst daran gewöhnen. Auch hier mischen sich zwei Komponenten.

Alleinbleiben ist ungewohnt

Der Hund kennt das Alleinbleiben nicht und muss es nun lernen.

Die Zeit ist ein wichtiger Faktor bei trennungsbedingten Störungen. Training fängt in ganz kleinen Zeitintervallen an.

Trennungsbedingte Störungen und der zeitliche Verlauf 65

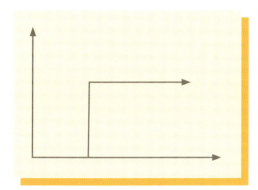

Schaubild a: spontaner Verlauf

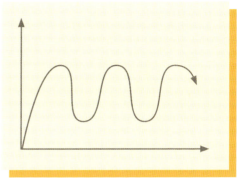

Schaubild b: zyklische Schwankungen

Erlebte Traumata

Wir sprechen auch von einem Trauma, wenn Herrchen plötzlich weggeht, denn dem Hund fehlt eine logische Erklärung, des plötzlich neuen artfremden Verhaltens. Wenn ein spontaner Verlauf auftritt, ist es unsere Aufgabe, dass wir auch einen Blick auf die soziale Struktur in dem Haushalt werfen, in dem der Hund lebt.

Trennung Verlässt durch Trennung eine Person den Haushalt, bricht für den Hund die Sicherheit und der Halt weg. Es findet eine Deritualisierung statt und an den Zustand muss sich der Hund wieder gewöhnen und neu eingliedern. Aus dem gleichen Grund passiert es auch, dass Hunde plötzlich nicht mehr allein bleiben können, wenn ein Familienmitglied stirbt. Ein Bruch im sicheren Rudel bringt das heile Weltbild des Hundes durcheinander. Nicht selten zeigt uns der Hund das Resultat dadurch, dass er nicht mehr allein bleiben kann.

Zyklische Schwankungen

Sie haben einen Hund, der gelegentlich allein bleibt und dann wieder nicht. Dieser Zustand ist für Besitzer der nervenaufreibenste. Denn wo steckt die Ursache? Suchen Sie nicht nach Kleinigkeiten, z. B. was lief im Fernsehen, wie intensiv war die tägliche Auslastung, sondern vielmehr in längeren zeitlichen Verläufen. „Schuld" können bei Rüden läufige Hündinnen oder bei einer Hündin die Läufigkeit sein, ein gutes Indiz, wenn Ihr Hund im Frühjahr und Herbst „seinen Rappel" bekommt und plötzlich nicht mehr allein bleiben kann.

Sonne, Mond und Sterne

Auch Mondphasen manipulieren unsere Hunde und tatsächlich gibt es Hunde, die von Dr. Jekyll zu Mr. Hyde mutieren. Diese zyklische Abhängigkeit (siehe Schaubild b) entsteht durch immer wiederkehrende Stressoren. Auch solche banalen für uns alltäglichen Dinge wie eine Wechselschicht bringen den Hund schon voll aus dem Rhythmus, stressen ihn und machen ihn unsicher.

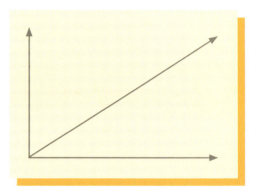

Schaubild c: steigende Tendenz

Die Homöopathie bietet hier eine gute Möglichkeit, den Hund zu unterstützen und zu entspannen. Denn logischerweise ist es nicht ganz so einfach, den Mond auszuschalten.

Auch Klimaveränderungen können den Hund dazu veranlassen, sich nicht entspannen zu können, wenn seine Bezugsperson das Haus verlässt. Auch tagesabhängige Schwankungen, von warm zu kalt, Sonne und Regen, Gewitter usw. sind nicht zu unterschätzen und können bei der Ursachenforschung helfen.

Die steigende Tendenz

Eine wichtige Frage, die Sie sich stellen sollten, ist, ob das Verhalten langsam und/oder proportional ansteigt. Dies würde bedeuten, dass es sich um einen erlernten Konditionierungsprozess handelt. Der Hund weiß, dass es ihm einen Vorteil bringt, zu Hause „Theater zu machen". Dieses Verhalten wird hauptsächlich durch unbewusste Bestätigung ausgelöst, etwa wenn der Besitzer den Hund jaulen hört, wenn er nach Hause kommt und dennoch die Tür aufschließt und hineingeht. Der Hund hat in diesem Fall nach der 0,5-Sekunden-Regel den folgenden Lerneffekt: „Ich mache Theater und dann kommt Frauchen oder Herrchen ganz schnell wieder." Folglich bekommt der Hund ein gutes Gefühl, sobald seine Bezugsperson die Wohnung betritt. Das wird gespeichert und wiederholt. Kommen Frauchen oder Herrchen „nicht schnell genug wieder", kann sich das Jaulen auch in starkes Gebell hineinsteigern und hysterisch werden, da sich der Stresspegel erhöht.

Haben Sie mehrere Hunde, machen Sie den Test für jeden Hund individuell.

Der große Ursachentest

In Kapitel 2 wurden nun sowohl die Erscheinungsbilder als auch die Ursachen beschrieben: Jetzt sind Sie gefragt. Nutzen Sie die Möglichkeit und machen diesen Ursachenfragebogen zu den trennungsbedingten Störungen Ihres Hundes.

1. Fragebogen

Mit diesem Fragebogen können Sie ermitteln, wie stark die Anteile der Entstehungsfaktoren Isolationspanik, Spirale der Langeweile und erlernte TS im Erscheinungsbild enthalten sind. Kreuzen Sie bitte die Verhaltensweisen an, die Sie bei Ihrem Hund beobachten konnten.

68 Erscheinungsbilder und Ursachen erkennen

ankreuzen	Zeigt Ihr Hund folgendes Verhalten?			
	Während Sie sich bereit machen zu gehen verhält er sich:			
	ängstlich	I		E
	gestresst	III		EE
	verkriecht sich	I		EE
	offensiv	II		EEE
	bellt	I		EEE
	ist entspannt		LLL	
	freut sich		LLL	EE
	schläft		LLL	
	zerstört	I		EE
	Der Hund reagiert schon gestresst, wenn Sie die Schuhe anziehen oder den Schlüsselbund nehmen	II		EEE
	schnappt oder beißt	II		EE
	Während Sie weg sind:			
	frisst er nicht	III		
	schläft vorwiegend		LLL	E
	zerstört	I	L	E
	winselt, jault	III	L	E
	reagiert auf Geräusche und bellt dann intensiv		LL	E
	zeigt Zerstörung an Ausgängen und Fenstern	III		E
	zeigt Zerstörung an Möbel oder wahllos an Gegenständen		LLL	
	zeigt Zerstörung, die stark mit dem Platz oder dem Geruch des Halters zu tun haben, wie z. B. dessen Schuhe	II	LL	
	uriniert oder kotet direkt vor dem Ausgang	I		E
	Urin und Kot sind vom Hin- und Herlaufen des Hundes stark verteilt	III		
	Stress zeigt sich innerhalb der ersten 20 Minuten des Weggehens	III		EE
	Stress zeigt sich erst nach mindestens 1 Stunde		LLL	
	Bei Rückkehr zeigt der Hund:			
	starke Anspannung. Man sieht, dass er während der Abwesenheit stark gestresst war.	III		E
	zeigt sich völlig entspannt, schläft evtl.		LLL	

Der große Ursachentest

Auswertung

Überwiegend I:
Der Anteil der Angst ist besonders hoch. In der Behandlung sollten wir großen Wert auf Stimmungsänderung legen.

Überwiegend L:
Ihr Hund hat Langeweile. Der entstehende Frust kann sich zur Wut steigern. Legen Sie Ihren Fokus auf eine angemessene Auslastung des Hundes.

Überwiegend E:
Konditionierunsprozesse liegen gewöhnlich bei allen trennungsbedingten Störungen vor. Als Verhaltensberater freuen wir uns darüber, weil wir wissen: Was gelernt wurde, kann auch wieder verlernt werden. Training, Erarbeitung des Gehorsams und verbesserte Kommunikationstechniken sind hier besonders hilfreich.

Registrieren Sie die Stärken und Schwächen Ihres Hundes. Dann wird Ihr Training einfacher.

Jeder Hund ist anders, genau wie wir Menschen auch.

Nehmen Sie den Ist-Zustand wahr

Inzwischen werden Sie schon ein Gefühl für die spezielle Problematik Ihres Hundes entwickelt haben. Hier haben wir nun weitere Verhaltensmerkmale und Begleitumstände, die zur Ursachenfindung hilfreich sind. Alle Fragen stammen von unseren Fragebögen, die wir zur Anamnese von trennungsbedingten Störungen benutzen. Allein mit der Auseinandersetzung dieser Fragen öffnen Sie Ihre Wahrnehmung für wesentliche Umstände. Übernehmen Sie auffällige Beobachtungen in Ihr Trainingstagebuch und vergleichen Sie die Entwicklung.

Anamnesebogen zu trennungsbedingten Störungen

Wie würden Sie auf einer Skala von 0 – 10 den Stresspegel des Hundes einordnen? 0 = Niedrig, 10 = stark
- Bevor Sie gehen:
- Wenn Sie weg sind:
- Wenn Sie wiederkommen:

Achten Sie darauf, Ihren Hund genügend auszulasten. Dies wird Sie beim Training unterstützen.

1 **Wie ist die soziale Beziehung im Familienrudel? Welche „Aufgabe" hat der Hund in Ihrem Zuhause? Warum haben Sie sich diesen Hund ausgesucht?**

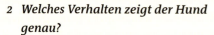

2 **Welches Verhalten zeigt der Hund genau?**
- **Zerstörung**
  - An Türen, Fenstern
  - An Orten, wo der Hund Sie weggehen sieht
  - An bestimmten Gegenständen, wo der Geruch des Besitzers am Extremsten ist
  - Ungerichtet, verstreut, zufällig
  - Nagt am Kalksandstein der Wand
  - Durch Kratzen
  - Durch Einsatz der Zähne

- **Vokalisation**
  - Bellen
  - Heulen
  - Winseln
  - Steigernd
  - Monoton

- **Ausscheidung**
  - Kot und/oder Harn wird an mehreren Orten verteilt
  - Kot an exponierten Stellen wie Tisch, Sofa und/oder Harnmarkierung
  - Kot und/oder Harn an abgelegenen Orten in der Wohnung
  - Vor der Tür
  - Kot ist weicher (flüssiger) als üblich
  - Kot hat die gleiche Konsistenz wie üblich
  - Urin wird in kleinen Mengen an mehreren Stellen abgegeben
  - Urin wird in großer Menge abgegeben

Anamnesebogen 71

- **Inhibition**
- Der Hund bewegt sich nicht von seinem Platz
- Er rührt kein Wasser an, kein Fressen, Leckerchen usw.

3 Wann und wo kann der Hund gut allein bleiben?
- Im Auto, in der Box, ...
- Zu bestimmten Tageszeiten
- Für bestimmte kurze Zeitintervalle
- In anderer Umgebung
- In anderer Umgebung, aber mit anderen Menschen
- In anderer Umgebung, aber mit anderen Hunden
- Zu Hause mit anderen Menschen
- Zu Hause mit anderen Hunden

4 Wann treten die Symptome auf?
- Ausschließlich und immer, wenn der Hund allein ist
- Ausschließlich und gelegentlich, wenn der Hund allein ist
- Wenn der Hund von seiner Bezugsperson getrennt ist, jedoch andere Personen/Hunde anwesend sind
- Auch nachts
- Nur zu bestimmten Tageszeiten
- Wenn ja, welche:

  _____

  _____

- Bei An- und Abwesenheit des Besitzers

Manchmal hilft auch ein Zweithund, um eine trennungsbedingte Störung zu therapieren.

72 Erscheinungsbilder und Ursachen erkennen

5 **Ritual bei Abschied und Begrüßung**
- Ab wann wird der Hund aufmerksam und merkt, dass er allein bleiben wird?
- Erkennen Sie Reaktionen des Hundes, wenn Sie einen Schlüssel heben, sich die Jacke anziehen usw.?
- Beschreibung der Rituale

_____

_____

_____

- Wie verhält sich der Hund bei der Rückkehr?
    - Hund versteckt sich
    - Hund kommt freudig

Für Hunde sind die Wechsel zwischen Anspannung und Entspannung sehr wichtig.

6 **Verhalten des Hundes während der Besitzer zu Hause ist**
- Ihr Hund folgt Ihnen überall hin, er „klebt" an Ihnen und er ist unruhig.
- Er sucht sich einen Platz, von dem er gut beobachten kann, weiß über alles Bescheid und kontrolliert, wer kommt und geht.
- Er fordert intensive Aufmerksamkeit, wenn er es will.
- Er kümmert sich nicht oder kaum um den Besitzer.

7 **Welche Lösungsansätze wurden bislang versucht?**
- Der verfügbare Raum wurde reduziert.
- Der verfügbare Raum wurde erweitert.
- Radio, Musik, TV in Abwesenheit eingeschaltet.
- Futter und Kauspielzeuge wurden angeboten.

8 **Lebensumstände und soziales System**
- Der Hund erlitt ein Trauma während der sozial sensiblen Phase und/oder leidet unter einem Deprivationsschaden.
- Er kommt aus einer Pflegestelle, wie Tierheim, Tierschutz, Tötungsstation o. Ä.

Nehmen Sie sich genügend Zeit für die Auswertung Ihres Bogens.

- Es besteht eine enge Verbindung mit nur einer Person.
- Die familiären Lebensumstände haben sich verändert.
- Der Hund ist alt.

9 Respekt für die Ethologie des Hundes
- Wie lange soll er täglich allein bleiben?

10 Wie ist Ihre Stimmung, wenn Sie gehen?

11 Welche Stimmung wünschen Sie sich für sich?

74   Erscheinungsbilder und Ursachen erkennen

Fragebogen

Wie sinnvoll ist die Behandlung/das Training?			
	Trifft nicht zu	Trifft teil- weise zu	Trifft voll und ganz zu
Ich habe die zeitliche Möglichkeit, ein spezielles Training mit dem Hund zu absolvieren.			
Ich habe genügend Zeit oder eine Zwischenlösung wie Hundesitter.			
Ich habe die finanziellen Mittel, um tierärztliche Untersuchungen, Spielzeug oder Box zu bezahlen.			
Ich will das Problem lösen und werde einen Großteil meiner Energie auf das Training und das Erarbeiten eines anderen Umgangs mit dem Hund verwenden.			
Ich kann andere Probleme und Verpflichtungen für mehrere Wochen hintenanstellen und mit dem Hund trainieren.			

Der Erfolg einer Behandlung einer trennungsbedingten Störung ist maßgeblich von den Möglichkeiten und der Motivation des Halters abhängig. Dieser Fragebogen macht deutlich wie sehr.
 Sollten Sie alle Ihre Kreuze bei „Trifft voll und ganz zu" stehen, haben Sie eine hervorragende Prognose, auch schwere Fälle erfolgreich zu behandeln. Sollte bei schweren Fällen auch nur ein Kästchen bei „Trifft nicht zu" angekreuzt sein, ist eine Behandlung wenig aussichtsreich. Auch in leichten Fällen darf maximal 1 Kästchen mit „Trifft nicht zu" angekreuzt sein.

Damit ist der erste Schritt getan – der Ist-Zustand und die Aussicht auf Erfolg wurde von Ihnen analysiert. Jetzt können Sie weiterlesen und erhalten in Kapitel 3 die praktischen Anleitungen von uns, um Ihren Hund „trennungssicher" zu machen. Viel Spaß beim Lesen und Umsetzen.
Dieser Plan gibt Ihnen Struktur und fördert das Verständnis für Ihren Hund in seiner Situation. Dadurch fällt die erste Last von Ihren Schultern. Denn meistens ist es einfacher, jemanden zu verstehen, wenn die Ursachen seines Handelns deutlich geworden sind.

Und **Herrchen** sprach:
„Ich bin dann mal weg!"

Bevor das Training beginnt

Die wichtigste Trainingsregel lautet: Je mehr Sie trainieren, desto besser. Aber überfordern Sie Ihren Hund in allen vorgestellten Trainingsvarianten niemals. Schalten Sie die Kamera ein und los geht's.

Trainingsvorbereitungen

Bevor Sie sich im Mantel in Richtung Ausgang begeben, sollten Sie die folgenden Fragen klären und die Details planen: Wo soll der Hund überhaupt während meiner Abwesenheit hin? Bekommt er Futter zur freien Verfügung? Wie lange soll ich überhaupt wegbleiben?

Aufbau und Gestaltung der Räumlichkeiten

Aus Menschensicht denken wir, dass der Hund ja eigentlich glücklich sein müsste, die ganze Wohnung zur Verfügung zu haben. Er kann frei re(a)gieren, Tische und Bänke nutzen, und theoretisch seine Hundekumpel zur Party einladen. Schlagen Sie doch einmal Ihren pubertierenden Kindern vor, dass Sie über das Wochenende verreisen und Ihr Sohn oder Ihre Tochter allein zu Hause bleiben kann. Ich bin mir sicher, dass das bei fast 90 % aller Jugendlichen ein Funkeln in den Augen auslöst und spätestens nach drei Stunden die ersten Partygäste eingeladen sind und gedanklich die Möbel verschoben werden, um mehr Platz zu schaffen.

Struppi sieht das jedoch ganz anders! SIE, ja, genau Sie, sein eventuell einziger Orientierungspunkt, gehen aus dem Haus und lassen ihn in dieser riiiesen Hundehütte allein?! Wer soll denn ab jetzt diese große Auslauffläche bewachen? Wer hat die Kontrolle über die möglichen Geschehnisse in den Räumen? Das klingt nach einer sehr unruhigen Zeit für Ihren Hund. Das Ende vom Lied: Sie sehen auf Ihren Videoaufnahmen einen unruhig umherlaufenden Hund, der sich durch deutliche Stressanzeichen mitteilt. Retten Sie Ihren Purzel.

Bevor das Training beginnt 77

Und so gehen Sie vor:
> Stellen Sie ihm nicht die gesamte Wohnung zur freien Verfügung. Entscheiden Sie sich für einen Raum, indem er sich während Ihrer Abwesenheit aufhält. Dieser sollte so gewählt werden, dass Ihr Hund sich darin wohlfühlt – Insidertipp: die Küche, denn Hunde lieben Kühlschranknähe! Sollte die Küche allerdings ein Taburaum sein, wählen Sie ein anderes Zimmer aus.
> Der Raum sollte außerdem so gewählt werden, dass von außen keine unnötigen Reize Ihren Hund aus der Fassung bringen können, sodass er sich in Ruhe entspannen kann. Bei Hunden, die Kot und/oder Urin absetzen, eignen sich Räumlichkeiten, die mit Fliesen oder PVC-Böden ausgestattet sind, um die Beschädigung von Teppichen, Parkett oder Kork zu vermeiden.
> Platzieren Sie im Zimmer Ihrer Wahl eine Decke, die Ihr Hund schon vor Ihrer Abwesenheit als positiv sicheren Ort kennengelernt hat. Alles was Spaß macht ist erlaubt, folglich können Sie auch eine Box, ein Körbchen o. Ä. nehmen. Liegt Ihr Hund gern unter Tischen, weil es ihm Sicherheit gibt, legen Sie die Decke unter den Tisch.

Viel Fläche und große Fenster können Hunde beunruhigen.

78   Und Herrchen sprach: „Ich bin dann mal weg!"

› Nehmen wir noch einmal die Hundeperspektive ein: Jetzt steht ein Raum zur Verfügung, der vier Wände hat und aus Sicht des Hundes leichter einzusehen ist, als wenn er Patrouille laufen müsste. Er wird schnell erkennen, dass dieses Zimmer auch nur von einer Stelle beobachtet werden muss.
Und da dort zufällig (s)eine weiche Kuscheldecke liegt, warum sollte er sich nicht darauf ausruhen bzw. den „Sheriff-Posten" von dieser Position beziehen. Allein die Verkleinerung der Räumlichkeit wird schon optische Erfolge auf der Kamera zeigen, wie etwa die Minimierung der Stressanzeichen.

Dominanzverhalten und der Platz unter dem Tisch

Manche Hundetrainer sind der Ansicht, dass ein Hund unter gar keinen Umständen unter den Tisch gehört, weil er diesen als „Macht-Ressource" beanspruchen könnte. Es ist aber wichtig, immer die Begleitumstände zu beobachten: Ist der Hund ängstlich, leidet er unter einer trennungsbedingten Störung und bietet der Platz unter dem Tisch ihm Sicherheit, dann lassen Sie ihn dort liegen. Das heißt nicht, dass der Hund ab diesem Zeitpunkt über den Tisch regiert, und ist weit weg von dominierendem Verhalten. Verhalten ist individuell.

Fehlen Rückzugsmöglichkeiten, kann auch eine normale Küche allein Angst machen ...

Es gehören immer zwei dazu An dieser Stelle möchten wir den Begriff „Dominanzverhalten" ein wenig abwandeln. Denn aus unserer Sicht ist ein Hund nicht einfach „dominant", sondern dazu gehören immer zwei! Es muss jemanden geben, der sich dominieren lässt und einen, der dominierendes Verhalten gegenüber einem Hund oder Mensch zeigen kann.

Dominanz ist situationsabhängig Hinzu kommt, dass dominierendes Verhalten auch nicht rund um die Uhr stattfindet, sondern immer situationsabhängig ist und es gut sein kann, dass der eine Hund sich dem anderen gegenüber dominierend verhält, wenn es um die Ressource

Bevor das Training beginnt

... besser ist es, sich in einer Höhle zurückzuziehen.

Futter geht und ihm droht. Umgekehrt könnte es sein, dass der andere Hund dominierendes Verhalten gegenüber dem anderen zeigt, wenn es um die Streicheleinheiten von Frauchen geht.

Was bewirkt Ihre Entscheidung? Es gilt also immer zu unterscheiden, was Ihre Erlaubnis, dass der Hund unter den Tisch oder ins Bett darf, bei ihm bewirkt. Hilft es ihm und vermittelt ihm Sicherheit oder sieht es so aus, dass Sie selbst nicht mal mehr in die Nähe des Tisches kommen dürfen und er es als sein Eigentum ansieht? Kommt letzteres in Betracht, sind dringend Übungen zur Bindungsklärung nötig – UND natürlich: bekommt er einen anderen Platz.

Trainingsdauer

Wie lange müssen Sie trainieren? Das ist die Gretchenfrage. Die Antwort: Bis es klappt. In der Lernbiologie sagt man, dass der Hund mindestens so lange trainiert werden soll, bis er mindestens 30 bis 45 Minuten routiniert allein bleiben kann. Der Erfolg dieses Trainings hängt nicht von einem Trainingsplan nach Zeit ab. Aussagen wie: „Der Hund muss spätestens in sechs Wochen allein bleiben, sonst kündigt mein Vermieter die Wohnung", sind wenig hilfreich und schaffen eher noch zusätzlichen Stress für Hund und Mensch. Denn wo Menschen und Tiere miteinander arbeiten gibt es niemals eine Pauschallösung. Bedenken Sie bitte, Sie bringen Ihrem Hund nicht kurz „Sitz" bei, sondern Sie lehren ihn ein komplexes ängstliches Verhalten abzulegen: Diese Situationen sind durch Erfahrungen negativ besetzt und sollen nun vom Hund als positiv empfunden werden, sodass dauerhaft ein neues Muster übernommen wird. Und das ist von der Individualität des Hundes abhängig. Sollten Sie unter einer Schlangenphobie leiden, können viele Menschen auf Sie einreden, dass eine Schlange Ihnen nichts tun wird, dennoch kann es Monate dauern, bis Sie sich beim Anblick einer Schlange entspannen können.

Trainingsdauer und -intensität

Die Dauer ist außerdem davon abhängig, wie fleissig Sie trainieren können. Sie werden schneller erfolgreich sein, wenn Sie jeden Tag ein paar Minuten üben. Das muss nicht das aktive Training des Alleinlassens sein, sondern beinhaltet auch Grundgehorsamsübung, Bindungsaufbau- oder Bindungsabbau-Übungen usw. Bleiben Sie dran! Oftmals sind dreimal fünf Minuten Hundetraining effektiver als eine Stunde am Stück, da der Hund so hoch konzentriert arbeiten kann und, bevor diese Konzentration nachlässt, das Training auch schon wieder mit einem Erfolgserlebnis aufhört.

Wer trainiert den Hund?

Mitmachen dürfen bzw. sollten alle Familienmitglieder. Aber alle sollten den Trainingsplan kennen und einhalten. Es empfiehlt sich, diesen an einem Familienabend durchzusprechen und dabei auftretende Fragen zu besprechen. Somit kennen alle die neuen Spielregeln und selbst wenn Familienmitglieder keine Zeit oder Interesse haben, bei der praktischen Gestaltung zu helfen, wissen sie, worum es geht und auch, wie sie sich verhalten sollen, um das Problem der trennungsbedingten Störung nicht noch zu fördern.

Training unter Zeitdruck

Bitte nicht. Wenn Sie in der Mittagspause schnell nach Hause gehen, um eine Trainingseinheit zu absolvieren, während Sie selbst nichts gegessen haben, das Handy am Ohr haben, um das nächste Meeting zu besprechen, das Sie ein paar Minuten zu spät erreichen werden, weil der Hund ja noch vier Minuten allein gelassen werden muss … Vergessen Sie es. Komplexe Verhaltensweisen können nicht unter Zeitdruck gelöst werden und erst recht nicht, wenn Sie selbst gestresst sind.

Die Familie muss dringend weg. Keine Zeit für das Training mit dem Hund.

Bevor das Training beginnt 81

Auch Nachbarn können beim Training helfen.

Tipp

Nachbarn informieren
Informieren Sie Ihre Nachbarn, dass Sie ab sofort im Training sind, dass es zwar gelegentlich noch zu Bellen kommen könnte, Sie jedoch bemüht sind, schnell wieder Frieden in den Hausflur zu bringen. Ihnen wird dann meistens mehr Verständnis eingeräumt und indirekt mehr Zeit, die Sie sich und Ihrem Hund geben können.

Sie sind derjenige, dem Ihr Hund Glauben schenken soll. Glauben daran, dass er IN RUHE allein bleiben kann. So wie oben beschrieben, kann das nicht gehen. Besser ist, Sie trainieren wenn Sie selbst sehr entspannt sind und Sie nichts aus der Ruhe bringt. Wenn Sie Ihren Hund 10 Minuten allein lassen, müssen Sie Vorbereitungen treffen, wie Leckerchen zurechtlegen, Decke positionieren, ggf. Fenster schließen, Kamera aufstellen usw. Planen Sie diese Zeit mit ein, denn tun Sie das nicht, wird die Zeit knapp und die Hektik geht los. Also: Entspannen bitte!

Viele unserer Kunden entspannt es, wenn sie sich einen Wochentrainingsplan schreiben und im Vorfeld Platz für bewusste Trainingsphasen in ihrem Kalender einplanen. Angenommen, es werden in 7 Tagen 13 Trainingsphasen platziert, ist die Chance sehr hoch, dass sie auch durchgeführt werden. Sollten Sie an ein oder zwei Trainingstagen feststellen, dass Ihre Stimmung nicht mitspielt, haben Sie dennoch mindestens 11 Sequenzen zum Trainieren. Das ist schon was!

Hilfe in der Trainingszeit

Zu Beginn des aktiven Trainings bleibt der Hund in den ersten Einheiten nur ein paar Sekunden allein. Es kann passieren, dass Hundehalter in der ersten Woche keine Minute aus der Haustür kommen, ohne dass ihr Hund eine mittelschwere Nervenkrise bekommt. Überstehen Sie jedoch solche Etappen, haben Sie richtig gute Erfolge. Jetzt zieht

Ein Hundesitter ist eine perfekte Übergangsmöglichkeit.

uns nur der Alltag einen Strich durch die Rechnung, denn, wer geht jetzt für uns Einkaufen, zum Friseur oder zur Arbeit? Denn diese Aktivitäten dauern länger als 40 Sekunden und zerstören den Trainingserfolg, da der Hund einem weiteren Trauma ausgesetzt wird und Sie zu diesem Zeitpunkt immer wieder bei Null anfangen müssen. Eine Lösung muss her: Suchen Sie sich einen Hundesitter,

Oft lieben Hunde Autos. Bei den richtigen Witterungsbedingungen kann das eine Übergangslösung sein.

der Ihren Hund betreut, während Sie die alltäglichen Dingen bewältigen. Das können Freunde oder die Familie sein, professionelle Hundesitter, Tierpensionen o. Ä. Es gibt mittlerweile so viele gute Möglichkeiten, sodass Ihr Vierbeiner nicht allein sein muss. Die Hunde haben meist sogar einen großen Spaß, bei anderen Artgenossen zu sein. Sind die Hunde mit den Sittern vertraut und gehen gern hin, ist das kein Problem. Ob Sie Ihren Hund lieber woanders abgeben oder der Sitter zu Ihnen nach Hause kommt, ist von den jeweiligen Angeboten, Ihrem Bauchgefühl und dem Hund individuell abhängig. Sie können auch Ihren Hundetrainer um Rat fragen. Auch er kennt Ihren Hund und kann Sie beraten, welche Alternative die beste für ihn ist. Auch das eigene Auto ist eine mögliche Übergangslösung.

Was der Hund lernen soll

Damit optimale Ergebnisse erzielt werden, muss nicht nur direkt an der (Tür-)Front trainiert werden, sondern auch das Umfeld stimmen. Überprüfen Sie Ihre Mensch-Hund-Beziehung und den Grundgehorsam Ihres Vierbeiners.

Die Basics

Verbessern Sie Ihre Führungsqualitäten, das gibt Ihrem Hund Sicherheit, und zwar auch, wenn Sie nicht dabei sind. Wie Sie das machen? Erhöhen Sie Ihre Glaubwürdigkeit, z. B. bedeutet „Sitz", dass sich Ihr Hund sofort hinsetzt und so lange sitzenbleibt, bis Sie entscheiden, dass er wieder aufstehen darf. Ein einfaches „Sitz", bei dem Ihr Hund selbst entscheidet, wann er wieder aufsteht, ist aus seiner Sicht inkonsequent, da er in diesem Fall das Recht hat, selbst zu wählen, was er tun möchte. Seien Sie also konsequent und Ihre Führungsqualitäten werden sich rapide verbessern. In der Fachsprache würde man sagen, dass die Dirigierbarkeit gegenüber dem Hund erhöht wird. Das fördert die Beziehung, das Vertrauen und die Signalkontrolle über den Hund.

Die wichtigsten Grundregeln

Signale immer beenden

Jedes Signal, das Ihr Hund von Ihnen bekommt, sollten Sie auch wieder beenden: Sie geben Ihrem Hund den Anfang einer Übung vor, wie etwa „Platz" und anschließend ein „O. K.", damit er wieder aufstehen kann. Die Zeitphasen zwischen Ihrem Signal und dem Auflösewort werden im Laufe des Trainings länger und Ihr Hund lernt sich während dieser Zeit zu entspannen. Der Hund hat seinen Job und weiß, dass Sie ihn auch beenden. Also, worüber sollte man sich Sorgen machen?! Dieses Auflösewort kann man für jedes Basissignal geben. Bleiben Sie konsequent – Ihr Hund ist es nämlich auch und das immer! Nun gehören „Sitz" und „O. K.", „Platz" und „O. K.", „Hier" und „O. K." usw. immer zusammen.

Zu Ihrem Standardrepertoire sollten folgende Signale gehören

„Sitz" Nachdem Sie das Hör- und/oder Sichtzeichen „Sitz" gegeben haben, sollte sich Ihr Hund immer und überall sofort hinsetzen und warten, bis Sie ihn wieder motivieren, aufzustehen.

„Platz" Das Gleiche gilt auch in diesem Fall. Je konsequenter Sie das durchführen, umso routinierter (und entspannter) wird Ihr Hund.

Diese Übungen sind wichtig, um Ihren Hund an einer Stelle zu fixieren. Das hilft nicht nur an Verkehrsampeln und bei Grillfesten, sondern auch bei trennungsbedingten Störungen, um den Hund in der Wohnung auf einen ruhigen Platz zu legen und sich selbst anschließend zu entfernen. Denn es dient der Übung, dass der Hund „Sitz" oder „Platz" beherrscht, um im Training überhaupt erst einmal einen Abstand zu ihm aufbauen zu können. Beherrscht er das nicht, so würde er sich erstens nicht hinlegen und zweitens nicht liegenbleiben, wenn das „O.K." nicht bekannt ist. Eine räumliche Trennung zu Ihnen wäre nicht möglich.

„Hier" Dieses Signal beinhaltet, dass Ihr Hund gern zu Ihnen kommt und sich unmittelbar nach Ihrer Aufforderung, freudig erregt zu Ihnen auf den Weg macht. Beobachten Sie die Körpersprache

Lucy wird ins „Sitz" gebracht.

des Hundes, wie er auf sie zuläuft. Da trennungsbedingte Störungen häufig mit mangelndem Vertrauen zu tun haben, ist diese Übung eine kleine Überprüfung Ihres „Zusammenspiels". Ihr Hund sollte vertrauensvoll und gern zu Ihnen kommen. Das heißt aber, dass „Hier" auch tatsächlich hier bei Ihnen, vor den Füßen, ist, und Sie nicht die Hände ausstrecken müssen, um Kontakt aufzunehmen. Der Hund sollte außerdem freudig auf direktem Weg zu Ihnen kommen.

Macht Ihr Hund noch einen kleinen, längeren Umweg über die nächste Blumenwiese, trainieren Sie den Abruf in nächster Zeit genauer. Wenn Sie beobachten, dass der Hund zwar kommt, aber es eher widerwillig wirkt, machen Sie noch einmal einen kleinen Ausflug in

Was der Hund lernen soll 85

Zur Ablenkung wird ein Spielzeug geworfen...

Lucy wartet brav...

...bis Frauchen das „Sitz" wieder auflöst.

die Stimmungsübertragung (siehe S. 25) und bauen darüber ein entspannteres Verhältnis auf. Natürlich gehört ab jetzt auch das „O.K." zum „Hier".

Ärgern Sie sich nicht, wenn Sie am Anfang nicht immer gleich daran denken. Übung macht den Meister. Nach einigen Malen wird es ein routiniertes Training.

Grenzen setzen

Ihr Hund sollte ein „Nein" kennen. Es hilft Ihnen im Training, Ihren Hund zu korrigieren. Ein praktisches Beispiel sieht so aus, dass Sie Ihren Hund auf seine Decke schicken, bevor Sie beginnen, sich Jacke und Schuhe anzuziehen. Dadurch begleitet er Sie nicht mit zur Tür. Sie haben seine typische Handlungskette unterbrochen und lassen nicht zu, dass er an der Tür seine alten Angstmuster zeigt.

Da dieses alte Ritual jedoch als festes Muster im Gehirn verankert ist, wird Ihr neues Ritual, den Hund auf seinen Ruheplatz abzulegen, nicht direkt von Erfolg gekrönt sein. Der Hund wird versuchen aufzuspringen, um zu Ihnen zu kommen. Sobald er Ihre geforderte Haltung verlässt, korrigieren Sie ihn mit einem „Nein".

Anschließend fordern Sie ihn wieder auf, sich ins „Platz" zu legen und Sie setzen Ihren Gang fort. Es kann gut sein, dass Sie ihn zu Beginn mehrfach korrigieren müssen. Bleiben Sie dran. Es lohnt sich. Spürt der Hund Ihre Konsequenz, wird er merken, dass Aufstehen ohne Ihr „O. K." keinen Sinn macht, da er immer korrigiert wird.

Durch das Setzen von Grenzen zeigen Sie ihm einen Weg auf, an dem er sich orientieren kann und sicher fühlt.

Ein toller Erfolg für Lilly, dass sie in diesem Alter schon einen Abstand wahren kann

Trainingsanleitung

> Macht Ihr Hund etwas richtig, loben Sie ihn während der Trainingsphase die ganze Zeit.

> Verlässt er die Decke, signalisieren Sie ihm durch ein „Nein", dass er etwas falsch macht.

> Legt er sich wieder hin, loben Sie sofort wieder das richtige Verhalten.

> Beachten Sie, dass Sie das Training im Optimalfall so gestalten, dass der Hund im Verhältnis 7 : 1 gelobt werden sollte.

> Während dieses Trainings „reden" Sie die ganze Zeit mit dem Hund und teilen durch Ihre Stimmung mit, was richtig oder falsch ist. Sie nutzen das „Duale Feedback".

Wie wirkt das „Nein" am besten?

Das „Nein" soll zum Handlungsabbruch führen und optimiert eingesetzt werden. Damit Sie Ihr „Nein" nicht zigmal hintereinander sagen müssen und es effektiv nutzen können, indem Sie es einmal sagen, sollten drei Faktoren zusammentreffen.

Drei goldene Regeln für das „Nein"

Konsequenz Das bedeutet, jedes Mal, wenn der Hund sich Ihrem geforderten Signal entzieht, wird er korrigiert. Das heißt immer – ohne Ausnahme. Je konsequenter Sie sind, desto mehr Orientierung bieten Sie Ihrem Hund aufgrund Ihres Verhaltens. Wenn Sie tagesformabhängig reagieren, kann er in Ihrem Tun keine Norm erkennen und nicht entscheiden, was richtig und was falsch ist.

Intensität Ihr gesprochenes „Nein" darf strenger klingen als die anderen Basissignale. Es sollte so streng gesprochen werden, dass es zu einem Handlungsabbruch führt, den Hund jedoch nicht erschreckt oder verängstigt. Unterbricht der Hund aufgrund Ihres „Neins" sein Verhalten, loben Sie ihn, denn auch hier gilt die 1-Sekunden-Regel, nach der der Hund lernen kann, was richtig und was falsch ist.

Ein Beispiel: Sie kommen nach Hause und überraschen Ihren Hund in flagranti, wie er gerade Ihre Couch auseinandernimmt. Sie sagen ein strenges „Nein". Lässt er von der Couch ab, loben Sie ihn für das richtige Verhalten. Nachträgliche Erklärungen an den Hund, dass die Couch sehr teuer war und er zur Strafe nichts zu fressen bekommt, nützen nämlich dem Hund nichts mehr. Vielmehr lernt er: Kopf in der Couch = Ärger, Kopf außerhalb der Couch = gut.

Timing Auf das richtige Timing kommt es an. Laut Lernbiologie haben Sie eine Sekunde (in einigen Situationen bis max. 2 Sekunden) Zeit, um auf Ihren

Der rote Faden in der Erziehung

Geben Sie Ihrem Hund einen roten Faden. Bieten Sie ihm mit Ihrer Stimmung eine Orientierung: Alle Tu-Das-Signale, wie „Sitz", „Platz", „Hier" usw. werden immer freundlich ausgesprochen, alle Signale wie das Grenzen setzende „Nein" strenger. Dadurch verhindern Sie, dass für den Hund eine Unlogik in Ihr Handeln kommt. Bildlich dargestellt sollten Sie von der Stimmung her so arbeiten:
„Sitz" ☺ – „Nein" ☹ – „Sitz" ☺ – „Nein" ☹ – „Sitz" ☺ „Brav" ☺
Vergessen Sie bitte:
„Sitz" ☺ – „Siiitz" ☹ – „Siiiiitz" ☹ ☹ – „Sitz, verdammt noch mal!" ☹ ☹ ☹

Hund einzuwirken. Damit er Ihr Signal („Nein") mit einer Handlung (Couch zerstören) verbinden kann, müssen sie also SOFORT regieren. Anschließend haben Sie eine Sekunde Zeit, um den Hund durch Lob zu bestätigen, wenn er von der Couch ablässt. Nur wenn Sie auch mit dem Lob schnell genug sind, erreichen Sie eine Verknüpfung.

Deckentraining

Eine andere wichtige Übung, um den Hund auf einem festen Platz sicher abzulegen, ist das Auf-die-Decke-Schicken. Bitte benutzen Sie nicht die Tabu-Decke, sondern eine Decke, die für den Hund positiv besetzt ist.

„Auf die Decke!"

Wir empfehlen das bewusste Antrainieren in entspannter Atmosphäre, wie etwa abends vor dem Samstagkrimi.

Trainingsanleitung

> Setzen Sie sich mit Leckerchen in der Hand neben die Decke, auf die Ihr Hund in Zukunft aus allen Ecken der Wohnung geschickt werden soll.
> Werfen Sie ein Leckerchen oder Spielzeug auf die Decke. Ihr Hund wird aufmerksam auf die Decke folgen.
> Sobald Ihr Hund auf die Decke geht, führen Sie das Signal „Auf die Decke" ein. Durch viele Wiederholungen lernt er das Signal mit der richtigen Handlung zu verknüpfen.
> Danach haben Sie die Möglichkeit, das Signal entweder wieder aufzulösen oder

Choco wird von seinem Frauchen auf die Decke geschickt ...

Was der Hund lernen soll

Ihren Hund zum „Sitz" oder „Platz" aufzufordern.
› Im Laufe der Zeit können Sie allmählich auf die Leckerchen verzichten und Ihre Distanz zur Decke vergrößern.
› Bei konsequentem Üben können Sie Ihren Hund auf seine Decke schicken, wenn Sie gehen wollen und/oder wiederkommen.
› Sie können diese Übung auch mit den Entspannungsübungen (S. 89, 90) kombinieren und Ihren Hund mit dem Folgesignal „Entspann Dich" zur Ruhe bringen, im Optimalfall auch während Ihrer Abwesenheit.

Entspannung auf Signal setzen

Haben Sie mit Ihrem Hund schon eine Begleithundeprüfung abgelegt? In dieser Prüfung wird vom Hund verlangt, dass er entspannt liegen bleibt, während sich der Halter vom Hund über 20 Meter entfernt. Auch unter Ablenkungen und sogar wenn Schüsse fallen, soll der Hund liegen bleiben. Das gelingt nur, wenn er wirklich entspannt ist. Einige Hunde schlafen bei dieser Prüfung sogar ein. Weil der Hund aber nicht jedes Mal einschlafen soll, wenn wir ihn auffordern sich hinzulegen, benötigen wir zum Signal „Platz" noch ein weiteres

... und gelobt, wenn er ruhig liegen bleibt.

Signal, das die Entspannung auslösen soll. Einige Hundehalter benutzen dafür ein weiteres Hörzeichen wie „Warte" oder legen die Leine über den Rücken des Hundes. Dies bedeutet für den Hund: „Egal was geschieht, ich muss mich um nichts kümmern. Wenn es weitergeht, sagt mir Frauchen Bescheid." Diese Technik wenden wir auch bei der Therapie von trennungsbedingten Störungen an. Am häufigsten wird eine bestimmte Decke, eine Box oder auch ein Nonsens-Hörzeichen wie „Mach schön Bubu" verwendet.

> **Tipp**
>
> **Üben ohne Leckerlis**
> Das Verknüpfen von Stimmungen mit Hörzeichen oder Objekten wie einer Decke funktioniert über die klassische Konditionierung. Sie brauchen also keine Leckerlis oder Lob zu geben. Sie brauchen lediglich die Stimmung mit einem Signal verknüpfen. Beides sollte also immer zeitgleich vom Hund wahrgenommen werden.

Trainingsanleitung

1. Variante – die Erweiterung der „Platz"-Übung

> Wenn Sie bereits begonnen haben, Ihren Hund auf seinen Platz zu schicken, dann können Sie darauf nun aufbauen.

> Sobald Ihr Hund feststellt, dass er längere Zeiten auf seiner Decke liegen bleiben soll und Sie ihn konsequent immer wieder auf die Decke bringen, wenn er ohne Auflösungssignal wieder aufsteht, wird er in kurzer Zeit entspannen und eventuell sogar einschlafen.

> Stellen Sie fest, dass sich Ihr Hund entspannt, sagen Sie jetzt öfter das Hörzeichen, mit dem Sie später die Entspannung auslösen wollen. Später sieht es in der Anwendung dann so aus, dass Sie zu Struppi sagen: „Platz .... Mach schön bubu" und Ihr Hund kommt zur Ruhe und entspannt sich.

2. Variante – Entspannung mit Objekten oder Orten verknüpfen

> Es gibt Situationen, in denen Ihr Hund regelmäßig schnell zur Ruhe kommt? Vielleicht beim Schmusen abends vorm Fernseher? Nutzen Sie diese Situationen. Nehmen Sie z. B. in Zukunft eine Decke mit zu sich auf oder vor das Sofa und lassen Sie Ihren Purzel auf der Decke liegen. Die entspannte Schmuserunde wird jetzt vom Hund mit der Decke verknüpft. Diese Decke können Sie dann in sein Körbchen, in seine Box oder auf seinen Lieblingsplatz legen. Er wird sie noch lieber annehmen, wenn Ihr Geruch und die Schmuseeinheit noch in dem Zusammenhang stehen.

Was der Hund lernen soll

Der Trainingsplan für den Menschen
Widmen Sie sich eine eigene Spalte in Ihrem Trainingstagebuch:
> Schreiben Sie sich in rot gut erkennbar auf, wann Sie welche Ursache(n) dafür herausgefunden haben, dass Ihr Hund nicht allein bleibt. Darauf basiert Ihr Training. Erst mit diesem roten Eintrag sind Sie fit für die nächste Stufe.
> Vor jeder Trainingseinheit überlegen Sie: Wie geht es Ihnen? Sind Sie entspannt? Sind Sie gesund? Haben Sie die nötige Ruhe, entspannt zu arbeiten, auch wenn es Pannen geben sollte? Alles mit Ja beantwortet? – Dann geht es los! Stehen Sie unter Anspannung, verschieben Sie das Training oder erstellen sich Ihr eigenes Trainingsprogramm.
> Vielen Menschen hilft es, sich durch Sport Luft zu verschaffen und Stress abzubauen. Das kann Joggen, Boxen oder aber auch ein bewusster Spaziergang sein.
> Andere bevorzugen Entspannungsübungen und Atemtechniken. Der Vorteil dieser Techniken: Innerhalb von Sekunden kann die eigene Stimmung verändert werden. In professionellen Kursen erhalten Sie Anleitungen, um sich zu entspannen z. B. autogenes Training, progressive Muskelentspannung, Yoga usw. Positiv ist, dass Sie hier jemand coacht, der objektiv ist und ggf. neue Schwachstellen erkennt.

Nicht nur einfach Sport, sondern auch Entspannung für Mensch und Hund.

> Die wichtigste Regel ist, dass Sie Ihre Stimmung selbst wahrnehmen und eingestehen, diese dann verändern und die neue entspannte Stimmung halten können. Dann können Sie mit dem Training beginnen.

92 Und Herrchen sprach: „Ich bin dann mal weg!"

Ein Training für alle!

Ein Training brauchen alle Hunde und damit können Sie sofort loslegen: Lassen Sie Ihren Hund allein – aber nur für ein paar Sekunden. Routine muss in den Alltag, d. h. es soll völlig normal werden, dass Sie die Haustür öffnen und hinausgehen.

Mit dem „Tür auf – Tür zu"...

... zeigen Sie Ihrem Hund, wie bedeutungslos das für ihn ist.

In kleinen Schritten zum Erfolg

Üben Sie mindestens zehn Mal pro Tag, aus der Wohnungstür zu gehen, die Tür zu schließen und wieder hineinzukommen. Beachten Sie den Hund weder vorher noch nachher. Gehen Sie zum Briefkasten oder einfach nur die Treppe rauf und wieder runter – zurück in die Wohnung und erledigt. Der Lernerfolg für den Hund ist folgender:

› Das Öffnen und Schließen der Tür verliert an Bedeutung. Durch das ständige Auf und Zu lernt er, dass die Tür uninteressant wird und die Signalwirkung kann durch vielfache Wiederholungen und Konsequenz gänzlich verschwinden.
› Sie gehen emotionslos, dadurch legen Sie selbst keine so große Bedeutung mehr in „Tür auf – Tür zu". Der Stresspegel des Hundes sinkt.

Ein Training für alle!

> Durch die vielen Wiederholungen wird das komische Spiel langweilig und nach ein paar Tagen wird der Hund wahrscheinlich nicht einmal mehr mit zur Tür laufen, wenn Sie „Tür auf – Tür zu" spielen.

... Er kann entspannt liegen bleiben, wenn Sie wieder durch die Tür kommen.

> Steigern Sie langsam die Zeiten. In ganz extremen Fällen raten wir an, in Zeiterhöhungen von 2 bis 5 Sekunden zu arbeiten. Der Hund soll während der Tür-zu-Phase nicht in sein altes Muster, z. B. Bellen, zurückfallen. Eine Uhr mit Sekundenzeiger ist dabei zu empfehlen. Tragen Sie die absolvierten Zeiten für Ihre persönliche Erfolgskontrolle in Ihr Trainingstagebuch ein und variieren Sie von Anfang an die Zeiten. Ähnlich dem folgenden Zeitmuster:

08. 02. 2012 – 11.20h – 15 Sekunden ☺
08.02. 2012 – 15.00h – 10 Sekunden ☺
08.02. 2012 – 15.30h – 20 Sekunden ☹
08.03. 2012 – 18.00h – 15 Sekunden ☺

Info

Habituation
In der Fachsprache spricht man von einer Habituation – einer Gewöhnung an einen Reiz, mit dem Ergebnis, dass der Reiz bedeutungslos wird. In diesem Fall verliert das Rausgehen aus der Tür an Bedeutung. Es ist dabei wichtig, dass wir uns der Reizgrenze des Hundes nähern und diese in ganz kleinen Schritten (das sind die Zeiteinheiten) überschreiten, aber so, dass der Hund lernen kann und nicht in Panik verfällt. Wir müssen die Situation jederzeit unter Kontrolle halten.

Die Zeit heilt alle Wunden

Durch ein nicht ständig ansteigendes Zeitintervall wird die Leistung des Hundes nicht permanent hochgeschraubt und schon bekannte Phasen kann er umso entspannter und routiniert angehen und festigen.

Steigern Sie das Training zeitlich über den wöchentlichen Verlauf. Ein schöner Erfolg ist es, wenn Ihr Hund nach einer Woche fünf Minuten entspannt allein bleiben kann, nach zwei Wochen vielleicht schon bei zehn Minuten angelangt ist usw. Je länger er allein bleibt (mehr als 15 Minuten), desto weniger Übungssequenzen werden Sie am Tag leisten können. Aber durch die konsequenten Wiederholungen ist das dann auch nicht mehr nötig.

Weg mit den Altlasten!

Werfen Sie alte Rituale über Bord. Auch wenn ein „So mein lieber Purzel, ich gehe jetzt einkaufen und komme schnell wieder und bringe Dir einen Knochen mit..." gut gemeint ist, hilft es dem Hund nicht weiter.

Alte Rituale ablegen

Zum einen leiden Sie schon unbewusst mit, weil Sie auch mit diesen Worten verbunden haben, dass Ihr Hund nicht allein bleiben kann, und zum anderen weiß Ihr Hund, sobald diese Worte fallen, dass die Hölle wieder losgeht. Sie haben Signalwirkung und setzen das Stresslevel gewaltig nach oben.

Besser sind zwei Alternativen:

> Wenn Sie zu den Menschen gehören, die jetzt sagen: „Da muss der Hund nun durch und erledigt." Kein Problem. Packen Sie einfach Ihre Sachen und gehen Sie. Wichtig: Strahlen Sie Selbstbewusstsein aus. Wenn Sie cool sind, ist es Ihr Hund auch.

Eine normale Verabschiedung hilft dem Hund, erst gar keinen Trennungsschmerz entstehen zu lassen.

Ein Training für alle! 95

> Wenn Sie aber zu den Menschen gehören, die Ihrem Hund dennoch gern etwas sagen möchten? Dann tun Sie das! Es gibt nur kleine Rahmenbedingungen dabei: Nehmen Sie Ihre Stimmung wahr und gehen Sie mit einer selbstbewussten Einstellung in die Adieu-Phase.

Lange Sätze wie oben beschrieben sollten allerdings vermieden werden. Denn, selbst wenn Sie wieder in das alte Muster fallen, fällt das bei einem kurzen prägnanten: „Tschüß, pass gut auf!" nicht so ins Gewicht. Gleichzeitig sind die Worte des Satzes zu wählen, dass Sie nicht emotional belastend wirken und man diesen Satz auch auf die Goldfische oder die Überwachungskamera übertragen könnte. Dadurch schafft man selbst eine (verbale) Distanz, und das ist gut für den Hund.

Der Wortlaut sollte für den Hund außerdem neu und zuerst neutral sein. Das ist für den weiteren Verlauf wichtig, weil es viel schwieriger ist, etwas Negatives positiv zu besetzen als etwas Neutrales. Das ist bei uns nicht anders. Wir haben auch unsere „Vorurteile" und es dauert oft eine Zeit lang, um diese abzubauen, selbst wenn wir wissen, dass wir uns geirrt haben.

Übermäßige Verabschiedungen machen sowohl den Hund als auch den Menschen unglücklich.

Neue Rituale einführen

Suchen Sie alte Rituale und tauschen diese gegen neue aus oder geben Sie sie ganz auf. Etwa die Begrüßung: Die Überschwänglichkeit nimmt kein Ende und Ihr Hund springt zu Ihnen auf die Einkaufstüte. Fazit: Zum einen ist man doch schnell genervt, wenn einen andauernd jemand anspringt und zum anderen lernt der Hund während der „Wartezeit", auf seinen großen Auftritt zu warten. Das fördert Stress.

Es ritualisiert sich eine Handlungskette. Erst allein sein, dann stufenlose Freude bei Wiederkehr und mit „Attacke Pinguin" auf Frauchen zu. Diese Verkettung kann der Hund mit dem Alleinsein verknüpfen und entsprechend hoch ist der Adrenalinpegel. Senken Sie diesen, indem das neue Ritual bedeutet, dass Sie in die Wohnung kommen, den Hund auf die Decke schicken, Ihre Jacke ausziehen, die Tüten wegstellen und nach ein paar Minuten, wenn der Hund ruhig im Körbchen liegt, auflösen und begrüßen. Dabei darf auch überschwänglich gekuschelt werden. Wichtig ist, dass die Wiedersehensfreude nicht mit Ihrer Einkehr und der Haustür in Zusammenhang steht. Splitten Sie diese Situation, sodass eine Begrüßung gern stattfinden kann, aber geknuddelt wird an einem anderen Ort und ohne Anspringen.

Die Kleine ist zwar süß, aber doch zwischen den Einkäufen etwas hinderlich.

Unbewusste Bestätigung vermeiden

Hand aufs Herz, wie oft haben wir anderen schon kluge Ratschläge gegeben und gesagt, dass Sie, während der Tierarzt eine Spritze gibt und der Hund den Arzt anknurrt, KEINE Leckerchen an unsere Hunde geben sollen?

Hunde verstehen nicht, was wir sagen

Wir sind alle „nur" Menschen und reagieren in entsprechender Situation emotional. Der Hund nimmt nur unsere Stimmungen wahr und lernt aus dem gemeinsamen Leben mit uns. Folglich

Ein Training für alle!

Brav hat Lilly gelernt, liegen zu bleiben. Für Frauchen Yvonne ist das viel einfacher und schöner.

weiß er: „Wenn Leckerchen vom Himmel kommen, dann mache ich alles richtig und wenn Frauchen mich noch festhält und streichelt – auch wenn es nur ganz leicht ist –, mach ich alles gut."

Der Hund fühlt sich in seinem Handeln bestätigt. Somit wird er das gezeigte Verhalten wiederholen oder gar noch verstärken.

Das ist bis hierhin auch alles logisch und gut, wenn unsere „Beruhigungsantenne" nicht wäre. Leider hat der Hund keine. Menschen beruhigen sich untereinander. Wir nehmen uns in den Arm, sprechen dabei mit liebevoller und aufmunternder Stimme. Durch den Wortlaut können wir jedoch unterscheiden, was Lob oder Beruhigung ist. Hunde können das nicht. Sie verstehen „nur" Lob. Die Beruhigungsantenne gibt es nicht. Denn wie oft haben wir unseren Hunden schon vor dem Alleinbleiben übers Köpfchen gestreichelt und „erklärt", dass wir jetzt zur Arbeit fahren, damit wir genug Geld verdienen, um tolle Knochen zu kaufen, der Hund aber keine Angst haben muss – streichel, streichel, streichel ...

Das passiert meistens in Situationen, in denen der Hund schon Angstverhalten zeigt. Aus der Hundeperspektive bedeutet dies: Der Hund fühlt sich in seiner Angst bestätigt und wird das Verhalten verstärken, da es ihm richtig erscheint.

Also unterlassen Sie die beruhigenden Worte und das Streicheln bei jeglichen Angstanzeichen. Sie sind häufig der Nährboden für falsches Verhalten.

Unbewusste Bestätigungen finden und abstellen

Damit wir diese unbewussten Bestätigungen unterbinden können, müssen wir sie erst einmal finden. Denn wie der Name schon sagt, sie sind unbewusst, keiner würde absichtlich seinen Hund in dessen Angst bestätigen. Es ist gar nicht so einfach, alles aufzuspüren.

Sie bestärken beispielsweise auch unbewusst, wenn Sie den Hund aus den Augenwinkeln ansehen, Ihren Körper in seine Richtung drehen und leise mit ihm reden. Auch leichte Berührungen oder unklare Körperhaltungen manipulieren ihn. All das sollten Sie unter die Lupe nehmen.

Stellen Sie eine Kamera auf und filmen Sie sich selbst. Verhalten Sie sich wie immer und seien Sie ehrlich. Was Sie anschließend zu sehen bekommen? Großes Kino! Sie werden überrascht sein, wo sich unbewusste Bestätigungen überall eingeschlichen haben. Und das tragen Sie natürlich ins Trainingstagebuch ein!

Whopper wird auch hier bestätigt. In der Situation in Ordnung – aber stellen Sie sich vor, Sie hätten einen Säugling auf dem Schoß sitzen.

Boxentraining

Wir empfehlen, den Hund an eine Transportbox zu gewöhnen, sodass es für ihn möglich ist, auch darin zu bleiben. Es gibt Anhänger und Gegner der Box.

Argumente für und gegen die Box

Gegner der Box führen häufig an, dass der Hund „in eine Box gesperrt wird" und sich darin unwohl fühlt. Wenn tatsächlich keine Desensibilisierung stattgefunden hat, und der Hund in der Box ein Trauma erlebt hat, zur Strafe hineingeschickt wird oder Ähnliches, schließen wir uns auch dieser Meinung an.
Aber jede Medaille hat schließlich zwei Seiten. Auch eine Box ist zunächst einmal neutral und nicht negativ oder positiv besetzt. Das liegt allein in unserer Arbeit damit. Sie könnten auch einen Clicker negativ klassisch konditionieren, indem Sie statt eines Leckerchens nach dem Click einen Leinenruck geben. Es ist also vor allem die Frage, wie man richtig, vertrauensvoll und effektiv mit einer Transportbox arbeitet.

Trainingsanleitung

> Der Hund sollte in der Box stehen können und genug Platz haben, um sich entspannt umzudrehen und hinzulegen.
> Stellen Sie die Box an eine geeignete Stelle im Zimmer. Sie soll fest stehen ohne zu wackeln.
> Öffnen Sie die Tür und befestigen Sie diese auch so, dass Ihr Hund keinen Schreck bekommt, wenn sie einmal zuschlägt.
> Legen Sie die Lieblingsdecke, Spielzeug und die Lieblingsleckerchen Ihres Hundes in die Box.
> Und jetzt warten Sie ab und lassen Ihren Hund die Box von allein erkunden. Alles was er aus Eigeninitiative macht, macht er bewusst und sicher. Beobachten Sie ihn, loben Sie ihn, motivieren Sie ihn, aber zwingen Sie ihn niemals oder signalisieren Sie ungeduldig, dass er nun endlich die tolle Box ausprobieren soll.
> Entscheidet der Hund nach zehn Sekunden, die Box wieder zu verlassen, lassen Sie das zu. Der Hund allein entscheidet über den Erfolg seiner Box. Sie können „nur" gute Rahmenbedingungen schaffen. Geben Sie ihm Zeit. Zeit heilt viele Wunden.

Den Hund mit Druck und Leine in die Box zu bringen, wird sich auf Dauer rächen, da ihm das Grundvertrauen fehlen wird.

Besser ist, der Hund bleibt cool von sich aus dort liegen und wiegt sich in Sicherheit.

Wichtig! Trainieren Sie fleißig und wiederholen Sie alle Einzelsequenzen, bis sie alle sicher und ohne Angst klappen. Die Tür darf erst geschlossen werden, wenn der Hund das stress- und angstfrei verträgt. Auch hier ist der Hund derjenige, der das Tempo vorgibt. Das kann teilweise wochenlang dauern. Bleiben Sie geduldig.

> Wenn Ihr Hund sich nicht ausreichend für die Box interessiert, können Sie Folgendes tun: Stellen Sie ihm den Hundenapf zum Fressen in die Box, so gewöhnt er sich mehrmals täglich daran und seine Futterhöhle gewinnt von Mal zu Mal mehr Bedeutung.

> Nimmt der Hund die Box freiwillig an, haben Sie damit die Möglichkeit geschaffen, dass er darin allein bleiben kann. Ob die Tür auf oder zu bleibt (erst nach erfolgreichem Gewöhnungstraining zumachen!) ist hunde- und menschenabhängig, aber beides ist möglich.

Schlüssel sind Schlüsselreize

Ihr Hund riecht schon Lunte, sobald Sie sich Richtung Garderobe wenden? Jacke und Schuhe anzuziehen, sind ein Desaster, den Schlüssel einzustecken eine halbe Tragödie, und dabei haben Sie noch keinen Meter aus der Haustür gemacht.

Schlüsselreize aufdecken

Die Gegenstände, die Sie (ge)brauchen, um zu gehen, haben für Ihren Hund im wahrsten Sinne des Wortes Schlüsselreizcharakter bekommen. Finden Sie diese Reize heraus und entstressen Sie Ihren Hund, indem Sie die Signalbedeutung wieder für den Hund ausschleichen.

So gehen Sie vor:

> Heben Sie im Vorbeigehen 20 Mal pro Tag den Schlüssel auf und legen Sie ihn wieder hin. Die ersten Male wird Ihr Vierbeiner auf Sie zugeschossen kommen, um zu sehen, was Sie machen und ob Sie gehen. Sie ignorieren ihn dabei und setzen Ihre Alltagstätigkeiten fort.
> Nach vielen Wiederholungen wird Ihr Hund erst langsamer zu Ihnen kommen und irgendwann gar nicht mehr, weil das In-die-Hand-Nehmen des Schlüssels keine Bedeutung mehr für ihn hat. Es verliert seinen Signalcharakter.
> Genauso verfahren Sie auch mit anderen Gegenständen. Ziehen Sie sich – auch wenn es merkwürdig klingt – mehrfach am Tag an der Garderobe die Jacke und die Schuhe an und wieder aus. Auch dieser Reiz wird schnell an Bedeutung verlieren.
> Schließlich bauen Sie das Anziehen – Ausziehen auch gern mit in das Tür auf – Tür zu (siehe. S. 92) ein. Sie werden merken, dass Ihr Hund schon bald viel entspannter auf diese Tätigkeiten reagiert. Die Schlüsselreize werden bedeutungslos und Ihr Hund lernt cool zu reagieren: Zuerst wird er immer weniger Notiz von Ihrer Tätigkeit nehmen und schließlich wird es ihm gleichgültig sein, was Sie da machen. Dann haben Sie wieder ein Etappenziel erreicht.

Desensibilisierung und Gegenkonditionierung

Durch zeitliche Steigerungen in kleinsten Dosierungen nähern wir uns unserem Ziel, der Hund kann allein bleiben. Diese Desensibilisierung kann unterstützt werden: Man arbeitet mit einer Kombination aus Desensibilisierung und Gegenkonditionierung.

Die Gegenkonditionierung

Gegenkonditionierung bedeutet, dass der Hund ein anderes Gefühl bekommt. Für einen Hund mit trennungsbedingten Störungen bedeutet dies: Vor Beginn des Trainings hat der Hund Angst, fühlt sich panisch, unsicher. Nach dem Training wird er sicher und entspannt reagieren, wenn Sie die Wohnung verlassen haben, und zwar bei gleichen Außenbedingungen wie vor dem Training.

Das „Ogesup"

Zum Gegenkonditionieren brauchen Sie das allerliebste Lieblingsstück Ihres Hundes. In unseren Hundeschulen und

Auch beim einfachen Anziehen der Schuhe kommt der Hund in Stimmung – nur leider nicht immer in die gewünschte.

So sollte es sein. Der Hund liegt entspannt und lässt sich noch nicht einmal von der Aufmerksamkeit des anderen Hundes anstecken.

Desensibilisierung und Gegenkonditionierung

in den Ausbildungsgängen für Trainer nenne wir es liebevoll „Ogesup" (Ober-GEilesSuperPhänomen). Konkret heißt das, Sie müssen noch etwas oberhalb der Jackpot-Stufe finden. Das kann ein Leberwurstbrot, ein gefüllter Kong oder ein Denkspiel sein. Steht Ihr Hund auf Schweineohren, dann nutzen Sie diese. Wichtig, die Belohnung muss Ihrem Hund Spaß machen und nicht Ihnen. Dieses Ogesup wird dem Hund nur dann zur Verfügung gestellt, wenn er allein ist. Ansonsten wird es gut verstaut.

So gehen Sie vor:

> Werfen Sie das Schweineohr, bevor Sie gehen, mit einer motivierenden Stimmung ins Wohnzimmer, sodass Ihr Hund hinterher läuft und seine Aufmerksamkeit auf das Alleinsein (und das Ohr) richtet.
> Das Timing ist bei diesem Training extrem wichtig. Sie dürfen das Ogesup ausschließlich dann werfen, wenn der Hund noch nicht in Stress geraten ist.
> Zeigt der Hund Angstverhalten beim Weggehen und Sie würden das Ogesup werfen, hätten wir eine unbewusste Bestätigung und der Hund würde das Angstverhalten steigern.
> Beobachten Sie Ihren Hund gut. Wenn Sie sich sicher sind und Ihr Hund sich nach einiger Zeit entspannt, wenn Sie sich die Schuhe zubinden, werfen Sie! So erzeugen Sie eine gute Stimmung.
> Dadurch kommt nach mehreren Wiederholungen der Effekt, dass der Hund denkt: „Klasse, sie schnürt sich die Schuhe zu. Das bedeutet, dass gleich wieder Schweineohren durch die Wohnung fliegen." Na wenn das kein gutes Gefühl auslöst.

Die Suche nach dem Schweineohr veranlasst den Hund dazu, seinen Blickwinkel zu ändern.

Umkonditionierung – bitte nicht!

Sicherlich ist es theoretisch auch möglich, mit einer Desensibilisierung in Kombination mit einer Umkonditionierung zu arbeiten. Dabei geben wir dem Hund einen anderen Job, quasi: „Du sollst nicht die Tür zerkratzen, stattdessen geh auf die Decke"– dies ist sicherlich eine gute Interventionstechnik, jedoch nicht sinnvoll bei Alleingängen, und zwar aus folgenden Gründen.
Sie schicken Ihren Hund also auf die Decke, bevor Sie das Haus verlassen.
Variante A Er bleibt liegen, bis Sie wiederkommen. Muss er denn wirklich vier Stunden liegen bleiben? Und stellen Sie sich bitte einmal den Fall vor, Ihr Hund wartet brav im Körbchen, hinter ihm ein Luftzug, der die Vase direkt von der Fensterbank in sein Körbchen verfrachtet. Der Hund erschreckt sich, springt aus dem „Platz" auf und sowohl Ihr Signal als auch der Vertrauenskonflikt gehen auf Ihr Punktekonto.

Variante B ist wahrscheinlicher: Er steht auf. Und nun nimmt die „Tragödie" ihren Lauf. Wer ist nun da, um ihn zu korrigieren? Wer überprüft, ob er noch auf der Decke liegt? Aus Sicht des Hundes ein klarer Punkt für ihn und ein Zweifel an Ihren Führungsqualitäten, da der Hund keine Konsequenz oder Korrektur erfahren kann. Sie könnten zwar das „Platz"-Signal wieder auflösen, wenn Sie die Tür hinter sich zu ziehen, jedoch würde der Hund dann in Ihre Richtung laufen, und just dann entziehen Sie ihm die Aufmerksamkeit. Er könnte so leicht wieder in das alte Muster zurückfallen. Aber genau das soll vermieden werden. Daher empfehlen wir, besser mit anderen Instrumenten zu arbeiten.

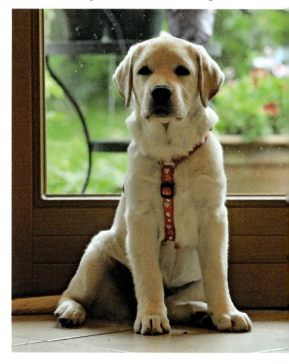

Stellen Sie sich vor, dieser Hund muss drei Stunden sitzen und warten – deshalb verzichten Sie besser auf die Umkonditionierung!

Die tägliche Auslastung

Ein wichtiges Training ist die tägliche Auslastung des Hundes, die individuell auf seine Bedürfnisse abgestimmt werden werden muss. Jeder Hundehalter sollte Beschäftigungsarten finden, die seinem Hund Freude machen und ihn sowohl körperlich als auch geistig langfristig auslasten.

Für jeden Hund das Richtige

Das ist aber hundeabhängig. Es wird für einen Neufundländer keine Freude sein, vier Stunden täglich neben dem Fahrrad herzulaufen. Hingegen würden sich die Sportskanonen unter den Hunden die Pfoten danach lecken. Dennoch ist auch „nur" Sport oder „nur" Denksport nicht das Richtige. Wie bei jedem Training macht es die Kombination. Testen Sie es aus. Es gibt viele tolle Angebote in den Hundeschulen, die Beschäftigungsgruppen anbieten. Viele Ideen und Anregungen finden Sie auch in Büchern. Einige sinnvolle Möglichkeiten seien genannt, die für den Hund auch lange Zeit in Frage kommen:

> Agility
> Apportieren
> Dog Dancing
> Fährtenarbeit
> Rettungshundearbeit
> Schnüffelspiele
> Therapiehundearbeit
> Obedience
> Tricks
> ZOS (Ziel-Objekt-Suche)

Die richtige Auslastung unserer Hunde unterstützt das Training des Alleinbleibens. Ist der Hund müde, zufrieden und ausgepowert, fällt ihm das Alleinbleiben auch leichter. In der Anfangsphase des Trainings können Sie genau diesen Effekt nutzen, dass Sie zuvor mit Ihrem Hund spazieren gehen und danach die Wohnung als Übung verlassen. Sie werden so Ihren Erfolg noch unterstützen können. Vielleicht ist Ihr Hund dann sogar froh, eine wohlverdiente Pause einlegen zu können.

Unterstützende Maßnahmen

Nicht nur geschulte Hundetrainer und Hundeverhaltensberater können Ihnen bei bestehenden Trennungsängsten helfen, auch andere Fachgruppen können Ihnen unterstützend unter die Arme greifen.

Der Tierarzt

Der Tierarzt kennt Ihren Hund aus medizinischer Sicht sicher gut und Sie könnten sich Medikamente verschreiben lassen, die sich positiv beruhigend auf Ihren Hund auswirken. Damit meinen wir nicht, dass starke Medikamente verabreicht werden sollen und das Problem Trennungsschmerz ist weg, sondern vielmehr soll ein Mittel gefunden werden, das den Stresspegel so weit senkt, dass Ihr Hund ansprechbar für Ihre Trainingseinheiten wird. Medikamente sollen das Training keinesfalls ersetzen, sondern es begleitend unterstützen. Und das Wichtigste: Die Medikamente werden auch wieder ausgeschlichen! Denn es kann keine Dauerlösung sein, einen Hund mit Medikamenten zu behandeln und nur an der Oberfläche zu arbeiten, und die tatsächliche Ursache der trennungsbedingten Störung gar nicht zu behandeln.

Werden keine anderen organischen Gründe gefunden, sind die gängigsten Mittel, die der Tierarzt verschreibt, solche, die beim Menschen gegen Depressionen eingesetzt werden. Sie heben den Serotoninspiegel im Gehirn. Damit machen sie den Hund belastungsfähiger, heben die Frustrationsschwelle und sorgen für eine bessere Konzentration. Sollten Sie sich für eine medikamentöse Zusatz-Therapie entscheiden, suchen Sie sich einen Tierarzt, der eine verhaltenstherapeutische Zusatzausbildung hat, oder Sie arbeiten parallel mit einem Tierarzt und gleichzeitig mit einem guten Kynologen zusammen, der Erfahrung mit diesen Problemen hat.

Agility macht nicht nur Spaß, sondern wird in unserer Praxis mit großem Erfolg auch als Therapie eingesetzt.

Wie Serotonin wirkt

Serotonin ist ein sogenannter Neurotransmitter, ein Botenstoff im Gehirn. Bei einem zu niedrigen Serotoninspiegel werden Menschen wie Hunde anfälliger für depressive Stimmungslagen. Alles sieht schwieriger und trauriger aus. Wie neueste Forschungen ergeben haben, kann das Futter Einfluss auf den Serotoninspiegel haben. So werden in den USA seit langem Nahrungsergänzungsmittel für Menschen verkauft, die eine Vorstufe zum Serotonin bilden. Der Körper bildet dann selbst Serotonin aus dieser Vorstufe.

Beim Hund liegen noch keine aussagekräftigen Ergebnisse für diese Nahrungsergänzungsmittel vor. Dennoch ergeben die Forschungsergebnisse zwei wichtige Erkenntnisse für die Fütterung von stark gestressten Hunden.

Eine Untersuchung beim Tierarzt oder Tierheilpraktiker kann Klarheit bringen.

1. Keinen Mais füttern Verzichten Sie auf Mais im Futter. Mais enthält einen Stoff, der sich negativ auf den Serotoninspiegel auswirkt.

2. „Trennkost" Versuchen Sie das Futter Ihres Hundes in kohlenhydratreiche Nahrung und in eiweißreiche Nahrung aufzuteilen und bieten Sie es Ihrem Hund mit einigen Stunden Abstand an. Die Serotoninbausteine aus der kohlenhydratreichen Nahrung kämpfen mit anderen Eiweißen aus Fleisch und Milchprodukten um den Eintritt an der Blut-Hirn-Schranke. Werden nun die Kohlenhydrate getrennt gefüttert, können mehr Serotoninbausteine ins Gehirn gelangen und der Serotoninspiegel steigt.

Botenstoffe im Gehirn

Serotonin ist ein Neurotransmitter. Diese Botenstoffe übernehmen die Übermittlung von Reizen innerhalb des Nervensystems. Je nachdem welche und wie viele Neurotransmitter in der Synapse (=Verbindung zwischen zwei Nervenzellen) zur Verfügung stehen, hat dies Einfluss auf das Verhalten des Hundes.
Wichtige Neurotransmitter sind z. B: Serotonin, Dopamin, Adrenalin und Noradrenalin.

Mit steigendem Serotoninspiegel wird bei einem vorherigen Mangel an Serotonin die Stressanfälligkeit gesenkt und die Frustrationsschwelle erhöht. Ihr Hund wird belastbarer und ausgeglichener.

Der Tierheilpraktiker

Eine andere Alternative ist die Zusammenarbeit mit einem Tierheilpraktiker. Er kann eine homöopathische Einstellung vornehmen. Dabei können zwei Lösungsmodelle helfen.
> Zum einen können Sie den Konstitutionstyp Ihres Hundes bestimmen lassen, das bedeutet, dass der Tierheilpraktiker in einem Anamnesegespräch Charakter, Seele und Psyche des Hundes analysiert und kategorisiert. Jedes Lebewesen hat einen gewissen Konstitutionstyp. Wenn man nun das dazu passende homöopathische Präparat verabreicht, wird im Körper ein Gleichgewicht hergestellt, das sich entspannend und positiv auf das Befinden auswirkt.
> Zum anderen ist es aber auch möglich, gezielt ein homöopathisches Mittel zu finden, das auf das entstandene Krankheitsbild – die Trennungsängste – geeicht ist. Ihr Tierheilpraktiker wird Sie gern beraten, was für Ihren Hund das richtige ist.
> Auch der Einsatz von Bach-Blüten hat schon so manches Training positiv unterstützt. Die Bandbreite ist groß. Auch hier sollten Sie sich fachkundig beraten lassen und die genauen Dosierungsanleitungen Ihres Tierheilpraktikers beherzigen.

Auch Homöopathie kann bei trennungsbedingten Störungen unterstützend helfen.

Das Unterhaltungsprogramm

Lassen Sie doch für Ihren Hund die Puppen tanzen! Auf manche Hunde wirkt es beruhigend, wenn während Ihrer Abwesenheit das Home-Entertainment-Programm gestartet wird. Testen Sie es aus. Lassen Sie einmal den Fernseher oder das Radio laufen. Tatsächlich ist es schon das eine oder andere Mal passiert, dass der Hund sich – statt zu bellen – lieber vor den Fernseher gesetzt hat, um Kommissar Rex anzufeuern. Wenn Sie damit Erfolg haben und der Hund stressfrei zu Hause bleibt, warum nicht?!

Licht an oder aus?

Machen Sie einen zweiten Test und lernen Sie die Vorlieben Ihres Hundes bezüglich der Lichtverhältnisse besser

Radio beruhigt auch Hunde.

kennen. Mag er es lieber hell oder dunkel? Bei welchem Licht fühlt er sich wohler? Wenn es sich um einen lichtfreudigen Hund handelt, lassen Sie ihm das Licht an, wenn Sie gehen. Unsere Stimmung ist ja auch lichtabhängig. Alles ist erlaubt, solange sich Ihr Hund wohler fühlt.

Leckerchen suchen

› Verstecken Sie Ihrem Vierbeiner Leckerchen in der Wohnung. Dieser Trick hilft natürlich besonders bei Hunden, die aus Langeweile nicht allein bleiben. Dadurch wird aber die Nase geschärft, bzw. wird der Fokus nicht auf das Zurückkommen Ihrer Person gelegt, sondern auf das Finden seiner geliebten Leckerbissen, die kreuz und quer in der Wohnung versteckt werden. Sie können auch übergangsweise die Leckerchen ganz reduzieren und nur gezielt zum Alleinsein einsetzen. Dadurch erlangen sie noch einen besonderen Status.

› Bei Hunden, die aus Angst nicht allein sein wollen, sollten Sie hin und wieder auch Leckerchen hinlegen, aber nicht unbedingt verstecken. Es ist nämlich so: Viele Hunde fressen im Normalzustand Leckerchen, in Stresssituationen jedoch nicht. Deshalb können Sie den Stresspegel im Laufe Ihrer Trainingswochen überprüfen und sehen, ob Ihr Hund in

der Lage ist, nach einiger Zeit Leckerchen zu nehmen. Für Sie eine schöne Überprüfung, ob sich der Stresspegel senkt und Sie auf dem richtigen Weg sind.

Frauchens oder Herrchens Auto

Wie bereits erwähnt (Seite 82), spielen auch Autos bei trennungsbedingten Störungen eine Rolle. In allen Anamnesegesprächen erfragen wir sofort, ob der Hund problemlos im Auto allein bleiben kann. Falls er das kann, haben Sie eine weitere Möglichkeit, Ihren geliebten Vierbeiner sicher unterzubringen. Denn tatsächlich ist es für einen halbstündigen Einkauf im Supermarkt ein erheblicher Mehraufwand, den Hund erst zu einem Hundesitter zu fahren, um ihn anschließend wieder abzuholen. Autos haben den schon zuvor beschriebenen Höhlencharakter, sie sind überschaubar, bieten genügend Komfort, Gemütlichkeit und der Hund kann sich dort sicher fühlen.

Trotzdem ist damit das Problem nicht gelöst, den Hund einfach ins Auto zu setzen, wenn er allein bleiben soll. Das

Leckerchen suchen ist nicht nur Lillys Lieblingsspiel,...

... auch Frauchen hat Spaß dabei und freut sich, wenn Lilly danach müde ist.

112   Und Herrchen sprach: „Ich bin dann mal weg!"

Choco wartet ganz entspannt im Auto.

ist eine Übergangslösung für den Einkauf, den Gang zur Post oder wenn man die Kinder vom Klavierunterricht abholen muss. Der Hund sollte maximal 2 Stunden im Auto bleiben.

> **Wichtig!**
> Parken Sie unbedingt immer im Schatten. Bleibt der Hund länger im Auto, öffnen Sie die Fenster zur Luftzirkulation und behalten Sie den Sonnenverlauf im Blick. Eine Stunde später kann es trotz Schattenparkplatz sein, dass Ihr Auto in der prallen Sonne steht.

Ein Muss – Temperaturen beachten!

Behalten Sie unbedingt auch die Witterung im Blick. Die Winter sind kalt und ab April ist es für den Hund nicht mehr erträglich, im heißen Auto zu sitzen. Der Wagen erhitzt sich zu schnell, und es wird schnell lebensgefährlich für den Hund. Außerdem sollte der Hund Wasser in einem befestigten Napf zur freien Verfügung haben, damit er nicht in seinem eigenen Wasser liegen muss, wenn er gegen den Napf kommt. Beseitigen Sie fressbare und wertvolle Gegenstände, denen er sich aus Langeweile hingeben könnte.

Prävention
und Troubleshooting

114 Prävention und Troubleshooting

Übungsprogramm für Welpen

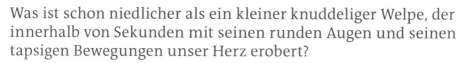

Was ist schon niedlicher als ein kleiner knuddeliger Welpe, der innerhalb von Sekunden mit seinen runden Augen und seinen tapsigen Bewegungen unser Herz erobert?

Ab sofort haben Sie nicht nur damit zu kämpfen, sich dem wirkungsvollen Welpen-Charme zu entziehen, damit er Sie nicht um den kleinen Finger wickelt, sondern auch ihn stubenrein zu kriegen, für genügend positive soziale Kontakte zu sorgen und vielfältige Außenreize zu bieten. Dann noch das kleine Einmaleins der Hundeerziehung liebevoll und konsequent... Und wann bitte sollen Sie Ihren Kleinen allein und aus den Augen lassen?

In kleinen Schritten zum Erfolg

Richten Sie Ihren gedanklichen Fokus spätestens bei der Übergabe vom Züchter darauf aus, dass der Welpe von Anfang an spielerisch daran gewöhnt werden sollte, räumlich von Ihnen getrennt zu sein. Damit nutzen Sie einen großen Zeitvorteil und können Ihren neuen Mitbewohner von klein auf an das Alleinsein gewöhnen.

So eine gesunde Bindung wünscht sich jeder! Das Schöne ist, jeder kann sie haben.

Übungsprogramm für Welpen

So gehen Sie vor:

> Geben Sie dem Welpen zwei bis drei Tage Zeit, um sein Zuhause erst einmal in Ruhe beschnuppern und kennenlernen zu können.

> Beginnen Sie aber bereits zu Übungszwecken, einen Raum zu tabuisieren. Häufig bietet sich das Badezimmer an, da viele Menschen den Hund aus hygienischen Gründen dort auch später nicht hineinlassen möchten. Küche, Waschküche oder Ähnliches sind auch geeignet.

> Diese Räume nutzen Sie in Ihrem Alltag öfter intuitiv ohne darüber nachzudenken. Genau mit dieser gedanklichen Einstellung sollten Sie auch weiterhin hineingehen, nur mit dem kleinen Unterschied, dass der Welpe wieder an die Türschwelle zurück und warten muss, sobald er die magische Grenze über schritten hat und Ihnen hinterher läuft.

> Durch viele Wiederholungen wird das ein „Klacks" für Ihren schlauen Welpen und er wird sich schnell an diese Grenze gewöhnen. Und somit wird er es als selbstverständlich ansehen, dass Sie auch eine „Privatsphäre" haben. Damit ist der erste Meilenstein gelegt. Sie trennen sich räumlich von Ihrem kleinen Hund und er lernt, dass davon die Welt nicht untergeht. Zuerst wird das ein bisschen schwierig. Aber nach kurzer Zeit wird er sich umorientieren.

Lernt der Welpe sofort Tabubereiche kennen, stellt er sie hinterher nicht mehr infrage.

116 Prävention und Troubleshooting

Zeigen Sie ihm frühzeitig, dass es normal ist, dass Sie allein zum Briefkasten gehen oder täglich mehrfach für ein paar Minuten einfach so das Haus verlassen. Dann wird Ihr Welpe auf Ihr Weggehen nach kurzer Zeit schon gar nicht mehr reagieren, sondern es bestenfalls einfach nur entspannt realisieren.

Vorsorge ist besser als Nachsorge

Beobachten Sie frühzeitig, wie sich der Hund verhält, wenn die Familienmitglieder das Haus verlassen. Das kann bei jedem unterschiedlich sein, da es mit der Bindung zu dem jeweiligen Familienmitglied zu tun hat. Sollten Sie hier bereits erste Stressanzeichen oder Ungereimtheiten erkennen, beginnen Sie sofort mit Training und Entspannungsübungen. Bauen Sie Stress schnellstmöglich ab und nutzen Sie die Möglichkeiten zur Stressreduzierung.

Wenn Sie unsicher sind, können Sie auch für die kurzen Trainingintervalle eine Kamera aufstellen.

Die nächste Stufe

Beherrscht Ihr Hund nach ein paar Wochen den Grundgehorsam, variieren Sie die Übungen. Er kann lernen, von Ihnen in Räumen abgesetzt zu werden und Sie selbst können sich in aller Ruhe in anderen Zimmern aufhalten. Er wartet, bis Sie die Situation wieder auflösen.

Wichtig! Alle Übungen und Trainingszeiten müssen individuell auf den Hund und seinen Charakter abgestimmt werden. Er sollte dabei niemals in Stress geraten, weil er durch Angst schlechter lernen kann und zusätzlich im Training blockiert würde.

… und wenn es doch nicht klappt?!

Jedes Mensch-Hund-Team muss individuell betrachtet werden. Stoßen Sie also an Grenzen, hilft es, wenn Sie Ihr Training in Einzelschritte unterteilen.

Den Trainingsverlauf überprüfen

Es lohnt sich, den Trainingsverlauf zu dokumentieren, da er sich über Wochen ziehen kann. Da kann das Eine oder Andere schnell im Alltag untergehen. Erstellen Sie eine Tabelle mit Übungen und dem Zeitverlauf in Wochen. Verwenden Sie Schulnoten und geben Sie sich eine 1, wenn etwas gut klappt. Ihr Plan sollte verschiedene Punkte beinhalten:

> Datum, Uhrzeit, Wetter
> Die Stimmung des Hundes
> Die Stimmung Ihrer eigenen Person
> Welche Übungstechniken haben Sie gewählt und wie sahen die Einzelschritte aus?
> Hinterfragen Sie, ob Sie für Ihren Hund einen Schritt zu schnell waren.

Auch wenn es so einfach aussieht – hier steckt ein konzentriertes Training hinter.

Zwischenschritte einbauen

Bauen Sie zur Absicherung Zwischenschritte ein. Wiederholen Sie Sequenzen, die sicher im Ablauf klappen. Steigern Sie die unsicheren Übungen in langsamen Schritten. Durch kleine Erfolge ist der Hund motivierter.

Zeichnen Sie ein Koordinatensystem und tragen Sie auf der x-Koordinate das Datum und auf der y-Koordinate die Zeiten ein, also wie viele Minuten Ihr Hund allein war. Anhand dieser Kurve erkennen Sie den Steigerungsverlauf. Unterschiedliche Farben helfen: Markieren Sie die Übungen, die ohne Schwierigkeiten verliefen farblich anders, als die Sequenz, die nicht nach Plan verlief. Vermerken Sie in der Legende, um welche Schwierigkeit es sich handelt. Sie können ein beachtliches Resümee aus Ihrer Statistik ziehen. Nutzen Sie dieses Mittel, um Ihre Erfolge sichtbar werden zu lassen.

Der Hund schafft einen großen Abstand zur Familie. Dennoch dauert so ein Training lange und viele kleine Zwischenschritte sind erforderlich.

Die „Erstverschlimmerung"

Ihr Hund zeigt aus Langeweile Bellverhalten und Sie haben bereits die gelernten Übungen angewandt? Alles, was Ihre Aufmerksamkeit Ihrem Hund gegenüber erhöht, haben Sie reduziert. Dennoch scheint sich das Verhalten zu verschlimmern. Und was jetzt?

Augen zu und durch

Auch wenn es kaum zu glauben ist, Sie sind auf dem richtigen Weg! Jetzt heißt es „nur" durchhalten. Denn was passiert, ist Folgendes: Sie zeigen einen neuen roten Faden, an dem sich Ihr Hund orientieren soll. Das bedeutet, dass Sie ihm sein Recht nehmen, Ihr Herbeikommen heranzubellen. Da der Hund Erfolg hatte und das Verhalten fest konditioniert ist, fängt es natürlich auch an, Spaß zu machen. Zerstören Sie dieses System, indem Sie nicht mehr wiederkommen und ihm somit sein Happy End verderben, führt das langfristig zu einem Meideverhalten. ABER der Hund schiebt eine kleine Zwischenphase ein. Er überprüft sein System noch einmal. Es hat doch ewig geklappt. Warum hat sein bisheriges Verhalten keinen Erfolg mehr? Da Sie nicht mehr reagieren, wird er zuerst versuchen, das Bellen zu verstärken.

Dieses Verhalten darf passieren, sollte jedoch innerhalb von zwei Wochen erledigt sein, wenn Sie zu 100 % konsequent bleiben und fleißig trainieren.

Wenn keine Ruhe einkehrt, hat sich ein anderer Fehler im Training eingeschlichen, den Sie mithilfe Ihres Trainingstagebuchs überprüfen sollten, da sich Ihr Hund dann in einer – oder mindestens einer – Verhaltensweise bestärkt fühlt (unbewusste Bestätigung!).

Sie schaffen das! Planen Sie in Ihrem Trainingstagebuch auch Raum für Stimmungstiefs, Katastrophen, pubertäre Hunde oder einfach Null-Lust-Phasen ein. Das Wichtigste ist nur, dass Sie sich auf diesen nicht ausruhen und weiter konsequent Ihr Ziel verfolgen. Überwinden Sie Ihren inneren Schweinehund und sagen Sie den üblichen Erstverschlimmerungen den Kampf an. Dann klappt es auch, Sie werden sehen.

Mensch und Hund – ein individuelles Verhältnis

Die Eigenanalyse

Trotz aller Analysen stellen Sie fest, dass Sie sich selbst schwer analysieren können? Vermeiden Sie gut gemeinte Ratschläge von Freunden und Bekannten, da diese oft subjektiv sind und auch häufig zu Streitthemen führen – wer lässt sich schon gern sagen, dass er inkonsequent in der Erziehung seines Hundes ist. Folglich ist dies eher kontraproduktiv.

Besser holen Sie sich Hilfe vor Ort von einem guten Hundetrainer, der Sie kompetent berät. Nehmen Sie seine Hilfe in Anspruch. Er kann Sie objektiv beraten.

Wenn Sie Fragen haben oder im Training Hilfe brauchen, können Sie sich auch gern an uns wenden. Wir stehen Ihnen mit Rat und Tat zur Seite.

Wir wünschen Ihnen, dass Sie mit Ihrem Hund zusammen eine schöne Zeit erleben.

Ihre Kristina Falke und Ihr Jörg Ziemer

Ein Wort zum Schluss

Im Laufe dieses Buches haben Sie festgestellt, dass das Thema Alleinsein tatsächlich sehr komplex ist und aus mehreren Perspektiven beobachtet werden muss. Wir hoffen, dass wir Ihnen einen guten Ratgeber an die Hand geben konnten und Sie viele neue Informationen bekommen haben, die Ihnen im Zusammenleben mit Ihrem Hund weiterhelfen.

Service

Die Autoren

Kristina Falke und **Jörg Ziemer** sind erfahrene Hundetrainer und Hundeverhaltensberater. Kristina Falke hat ihre eigene Hundeschule im Ruhrgebiet und eine Praxis für kynologische Verhaltensberatung. Sie hält Vorträge und schreibt regelmäßig für Fachzeitschriften. Jörg Ziemer betreibt ein Schulungszentrum für Hundetrainer in Norddeutschland. Adressen finden Sie Seite 124.

Dank

Unser herzlicher Dank gilt Maximiliane, Antonia, Dietje und Torben. Dieses Buch ist Euch gewidmet.

Gerne danken wir auch allen, die uns tatkräftig beim Fotoshooting zusammen mit ihren Hunden, guter Laune und Inventar unterstützt haben. Vielen Dank Sabine Stuewer für die angenehme und flexible Zusammenarbeit und die tollen Fotos.

Danke an den KOSMOS-Verlag – speziell an Ute-Kristin Schmalfuß – für die freundliche und unkomplizierte Betreuung rund um dieses Buch. Wir danken unserem Team in unseren Hundeschulen und Praxen für ihre tatkräftige Unterstützung während der ganzen Zeit! Vielen Dank!

Kristina Falke und Jörg Ziemer

Zum Weiterlesen

Bücher aus dem Kosmos-Verlag

Bloch, Günther & Elli H. Radinger: **Wölfisch für Hundehalter.** Von Alpha, Dominanz und anderen populären Irrtümern. Kosmos 2010

Buksch, Martin: **Ernährungsratgeber für Hunde.** Fit und gesund. Hunde richtig füttern. Kosmos 2008

Büttner-Vogt, Inge: **Spiel und Spaß mit Hund.** Beschäftigungsideen für zu Hause und unterwegs. Kosmos 2008

Doepp, Simone und Gabriele Metz: **Trick Dogs.** Coole Kunststücke für pfiffige Hunde. Kosmos 2009

Führmann, Petra, Hoefs, Nicole und Iris Franzke: **Die Kosmos Welpenschule.** Buch mit DVD. Kosmos 2012

Handelman, Barbara: **Hundeverhalten.** Mimik, Körpersprache und Verständigung. Mit über 800 ausdrucksstarken Fotos. Kosmos 2010

Heinrichsen, Melanie, König, Ariane und Nadine Minkner: **Longiersport für Hunde.** Runde für Runde die Bindung vertiefen. Kosmos 2010

Nijboer, Jan: **Treibball für Hunde – für unterwegs.** Kosmos 2010

Siebertz, Susanne und Ilona von Treskow: **Wohlfühlspaß für Hunde.** Gesund, fit, aktiv. Kosmos 2010

Lesespaß

Hoefs, Nicole und Petra Führmann: **Auf Hundepfoten durch die Jahrhunderte.** Kulturgeschichten rund um den Hund. Kosmos 2009

Schröder, Carsten: **Engelchen & Bengelchen.** Retriever-Geschichten. Kosmos 2010

Von der Leyen, Katharina: **Der Hund von Welt.** Menschen mühelos erziehen. Kosmos 2010

Von der Leyen, Katharina: **Dogs in the City.** Kosmos 2009

Nützliche Adressen

Fédération Cynologique Internationale (FCI)
Place Albert 1er, 13
B-6530 Thuin
Tel.: 0032-71591238
info@fci.be
www.fci.be

Verband für das Deutsche Hundewesen e. V. (VDH)
Westfalendamm 174
D-44141 Dortmund
Tel.: 0231-565000
info@vdh.de
www.vdh.de

Österreichischer Kynologenverband (ÖKV)
Siegfried Marcus-Str. 7
A-2362 Biedermannsdorf
office@oekv.at
www.oekv.at

Schweizerische Kynologische Gesellschaft (SKG)
Geschäftsstelle
Brunnmattstr. 24
CH-3007 Bern
skg@skg.ch
www.skg.ch

Praxis für kynologische Verhaltensberatung
Kristina Falke
Bahnhofstr. 33
D-45525 Hattingen
Tel. 0151-59179889
info@kristina-falke.de
www.kristina-falke.de
www.Hundeschule-Hattingen.com
www.Ausbildung-mit-Hunden.de

Hundeschule & Verhaltensberater Hundetrainerausbildung
Jörg Ziemer
Bahnhofstraße 76
D-26197 Großenkneten-Huntlosen
Tel. 04487-9207898
info@mensch-hund-coaching.de
www.joerg-ziemer.de
www.mensch-hund-coaching.de

Register

Abbruchsignal 28
Aggression 49
Aggressionsproblem 27
Aggressionsumlenkung 52
Agility 105
Aktives Ignorieren 30 f.
Alleinbleiben 8 f.
Alltagsstress 45
Anamnesebogen 70 ff.
Anerzogene Störung 53
Anfällige Hunde 14 f.
Angriff 49
Angst 9
Apportieren 105
Aufmerksamkeit forderndes
    Verhalten 56
Auslastung 105
Ausscheidungsverhalten
    40 f.
Äußere Faktoren 14
Auto 111

Bach-Blüten 109
Behandlungserfolg 74
Bellen 42, 46
Beschäftigungsarten 105
Bestrafen 41
Bindung und Stress 22
Bindung zum Hund 14
Bindung, fehlende 32 f.
Bindung, geringe 22
Bindung, übersteigerte 19
Bindung, zu enge 18
Bindungsintensität 19
Blasenentzündung 41
Boxentraining 99 f.

Dauerstress 13
Deckentraining 88 f.
Depressives Verhalten 48
Deprivationsschaden 19
Deritualisierung 51

Desensibilisierung 102 f.
Destruktives Verhalten 52
Dirigismus 21 f.
Dog Dancing 105
Domestikation 12
Dominanzverhalten 78
Durchfall 40

Eigenanalyse 120
Elternverhalten, modifizier-
    tes 20
Emotionale Nähe 21 f.
Entspannung auf Signal
    89 f.
Erfahrungen 14
Erfahrungsentzug 19
Erhöhter Herzschlag 45
Erstarren 48
Erstverschlimmerung 119

Fährtenarbeit 105
Fallbeispiele 58 f.
Flirten 48
Flucht 49
Frustration 52
Führung, zu wenig 19
Führungsqualität 22, 83 f.
Führungsstil 20
Führungsstil testen 34 f.
Füttern aus der Hand 32
Fütterung 108

Gähnen 46 f.
Gegenkonditionierung
    102 f.
Gehorsamsübungen 33
Geistige Auslastung 105
Genetische Disposition 14
Geschichte 12 f.
Gestresste Hunde 108
Gewöhnung 93
Gewünschtes Verhalten 27

Grenzen setzen 24, 26, 86
Grundgehorsam 33, 83 f.

Habituation 93
Handfütterung 32
Handlungsabbruch 87
Handlungskette, ritualisierte
    96
Harnwegsentzündung 41
Hilfe in der Trainingszeit
    81 f.
Hinterlassenschaften 40 f.,
    44
Hochspringen 47
Homöopathie 66, 109
Hormonelle Veränderungen
    14
Hundebegegnungen 48
Hyperattachement 19

Ignorieren, aktives 30 f.
Innere Faktoren 14
Instrumentelle Konditionie-
    rung 53, 55
Intensität 87
Interaktionen erkennen
    30 ff.
Isolation, soziale 13
Isolationspanik 44, 50

Jaulen 42, 46

Klassische Konditionierung
    54
Klimaveränderungen 66
Knallgeräusche 14
Konditionierung 53 f.
Konditionierungsformen 54
Konsequenz 22, 87
Konstitutionstyp 109
Körperliche Auslastung 105
Kotabsatz 40 f.

126 Service

Krankheiten 14
Kratzen 47
Kratzspuren 44

Langeweile 43, 52
Lärmbelästigung 14
Läufigkeit 65
Leckerchen suchen 110
Leidensdruck 10
Lichtverhältnisse 110

Mais 108
Maßnahmen, unterstützende 107
Medikamente 107
Medikamenteneinfluss 14
Mensch-Hund-Verhältnis 20 ff.
Mondphasen 66

Nachbarn 14
Neurologische Krankheiten 14

Obedience 105
Operante Konditionierung 56

Panik 50
Panikattacken 9
Prägungsähnliche Zeit 18
Prävention 114 f.
Proaktives Verhalten 11

Rangklärende Wirkung 26
Räumlichkeiten gestalten 76 f.
Reaktives Verhalten 11
Reizarme Umgebung 27
Reizgrenze 93 f.
Ressourcen 27, 32
Rettungshundearbeit 105
Rituale ablegen 94
Rituale einführen 96

Ritualisierte Handlungskette 96

Schlüsselreize 101
Schnüffelspiele 105
Selbstbelohnung 53
Sensible Phase 18
Serotonin 108 f.
Sichtgrenzen einrichten 26 ff.
Soziale Bindung 12
Spielautomateneffekt 53
Spielen 32
Spontaner Verlauf 64
Spontanschuppung 46
Steigende Tendenz 66
Stimmungen wahrnehmen 96
Stress 13, 45 ff.
Stressanzeichen 45 f.
Stresskurve 50 f.
Stresspegel 40 ff.
Stressreaktionen 48 f.

Tabu-Decken-Training 26 ff.
Tabuzonen 26 ff.
Tagebuch führen 41
Therapiehundearbeit 105
Tierarzt 107
Tierheilpraktiker 109
Tierheimhunde 16 f.
Tierschutzhunde 15
Timing 87
Trainingsdauer 79
Trainingsintensität 80
Trainingsverlauf überprüfen 117
Trainingsvorbereitung 76 ff.
Transportbox 99
Traumata 65
Trennkost 108
Trennung 65
Trennungsangst, Erscheinungsbilder 40 ff.

Trennungsschmerz verstehen 7 ff.
Trichtermodell 57
Tricks 105
Troubleshooting 114 f.

Überforderung 22
Übersprungshandlung 47
Übungsprogramm für Welpen 114 ff.
Umkonditionierung 104
Unbewusste Bestätigung vermeiden 96 ff.
Unbewusste Zuneigung 30
Ungewünschtes Verhalten 28
Unruhe 45
Unterforderung 52
Unterhaltungsprogramm 110
Urinabsatz 40 f.
Ursachen 50 ff.
Ursachenfragebogen 67 ff.

Verbotswort etablieren 26 f.
Verletzungsgefahr 44
Verstärker 55
Vertrauen 14
Verwüstung 43
Videoanalyse 62 f.
Vokalisation 42, 46, 52

Welpen 114 f.
Winseln 42, 46

Zeitlicher Verlauf 64 ff.
Zerstörung 43 f., 52
ZOS 105
Zuneigung 30
Zyklische Schwankungen 65 f.

Bildnachweis

109 Farbfotos wurden von Sabine Stuewer/Kosmos für dieses Buch aufgenommen. Weitere Farbfotos stammen von Juniors-Bildarchiv (2 Fotos: S. 12, 13) und Oliver Giel (5 Fotos: S. 1, 3li, 42li,re, 43). Cartoons von Angelika Schmohl.

Impressum

Umschlaggestaltung von eStudio Calamar unter Verwendung von Farbfotos von Oliver Giel.

Mit 114 Farbfotos

Unser gesamtes lieferbares Programm und viele weitere Informationen zu unseren Büchern, Spielen, Experimentierkästen, DVD, Autoren und Aktivitäten finden Sie unter **kosmos.de**

Alle Angaben in diesem Buch erfolgen nach bestem Wissen und Gewissen. Sorgfalt bei der Umsetzung ist indes dennoch geboten. Autoren und Verlag übernehmen keinerlei Haftung für Personen-, Sach- und Vermögensschäden, die aus der Anwendung der vorgestellten Materialien und Methoden entstehen können.

Gedruckt auf chlorfrei gebleichtem Papier

© 2012, Franckh-Kosmos Verlags-GmbH
& Co. KG, Stuttgart
Alle Rechte vorbehalten
ISBN 978-3-440-12301-0
Redaktion: Ute-Kristin Schmalfuß
Gestaltungskonzept: eStudio Calamar
Gestaltung und Satz: Atelier Krohmer, Dettingen/Erms
Produktion: Eva Schmidt
Printed in Germany / Imprimé en Allemagne

Expertenrat.
Für gesunde Vierbeiner.

Marion Brehmer | Bach-Blüten für die Hundeseele
160 S., 81 Abb., €/D 19,95
ISBN 978-3-440-12466-6

Alle Bach-Blüten von Agrimony bis Willow

Unerwünschtes Verhalten oder Probleme bei der Erziehung? Bach-Blüten können ganz wesentlich zur Besserung oder Lösung beitragen. Denn sie haben einen positiven und ausgleichenden Einfluss auf den Gemütszustand und die Persönlichkeit von Mensch und Tier. Die erfahrene Tierpsychologin Marion Brehmer erklärt, mit welchen Bach-Blüten Ihr Hund wirkungsvoll unterstützt werden kann.